Gudrun Dietze

SO BÄCKT THÜRINGEN

MEINE LIEBLINGSREZEPTE

Wir bedanken uns bei allen, die uns unterstützt haben.

Impressum

Gerichtsweg 28, 04103 Leipzig
Tel.: 0341 / 493574-0, Fax: 0341 / 493574-40
www.buchverlag-leipzig.de

Gestaltung und Satz: Sibylle Weiß, Frankfurt am Main
Titelfoto: Uwe Hämsch, Gostemitz
Fotos: siehe Bildnachweis Seite 256
Backen der Kuchen und Torten: Titelfoto sowie Seiten 23, 25, 31, 33, 39, 45, 67, 71, 99, 101, 107, 109, 125, 135, 175, 191, 193, 201, 209, 223: Bäckermeister Jürgen Kleinert, Leipzig; Seiten 120, 131, 132, 167, 170, 172: Konditormeister Stefan Gerhard Salzer, Thallwitz; Seiten 12, 42, 48, 54, 56, 59, 60, 62, 63, 72, 78, 88, 90, 94, 96, 104, 110, 119, 128, 138, 146, 150, 153, 154, 156, 162, 168, 189, 202, 206, 210, 214, 216, 217, 218, 224, 226, 229: Gudrun Dietze, Chursdorf
Druck und Bindung: READ ME Printing House
Printed in Poland

2. Auflage 2024
ISBN 978-3-89798-651-0

INHALT

Typisches Thüringer Kuchengestell mit runden Kuchenbrettern zur "Lagerung" der Festtagskuchen bis zum Verzehr

„BACKEN IST MEINE LEIDENSCHAFT"

Gudrun Dietze hat die Thüringer Back- und Küchentraditionen bewahrt, lebendig gehalten und ins Heute, in die modernen Haushalte und Küchen gebracht. Über viele Jahrzehnte hinweg sammelte die Thüringer Backfrau Rezepte und Rezeptideen. Bereits als Kind schaute sie ihrer Mutter beim Backen zu und kreierte bald ihren ersten selbst gebackenen Kuchen. Sie erinnert sich: „Backen ist meine Leidenschaft. Schon als Kind verpasste ich keine Gelegenheit. Wo auch immer im Dorf gebacken wurde, ich war dabei, interessierte mich für auffallend schöne Rezepte, schrieb sie auf, probierte sie selbst. Die festlichen Kaffeetafeln mit ihren köstlichen Gebäckstücken und der farbenprächtigen Vielfalt waren für mich das Schönste bei allen Familienfeiern."

Später hat sie, wenn ihr bei Gastgebern etwas gut schmeckte, stets um das Rezept gebeten, auch wenn das meist mehr oder weniger ungenau formuliert war und sie es erst mehrmals ausprobieren musste, bis es ihren Vorstellungen und Geschmack entsprach. Zugleich trug sie zusammen, was in der Familie und von Freunden gern gebacken und gekocht wurde. Manches uralte Regionalrezept spürte sie mit Ehrgeiz und Ausdauer auf. So entstand über Jahrzehnte ein authentischer Rezeptschatz aus traditionellen, historischen und aktuellen Rezepten, die sie durch mehrmaliges Nachbacken und -kochen vervollkommnet hat.

Mehr als eintausend gelingsichere, praktikable Rezepte sind in ihren 14 Koch- und Backbüchern gesammelt – der sogenannten Thüringer Küchenbibliothek – ein Werk, auf das die Thüringer Erfolgsautorin mit Recht stolz sein kann!

Für alle, die besonders gern backen, ist nun dieses Buch entstanden. Hier präsentiert Gudrun Dietze aus all ihren Büchern ihre selbst ernannten Lieblingsbackrezepte: rustikale Blechkuchen aus Hefe- oder Backpulverteig mit Obst, Nüssen, Schokolade, knusprigen Streuseln, mit Quark-, Pudding- oder Cremedecken, zarte, fruchtige Kuchenschnitten, feine Torten für jeden Anlass und leckeres Kleingebäck zum Wegnaschen.

Früher wurden die deftigen Hefekuchen mit viel Teig und allerlei spärlichem Belag auf runden Blechen im hauseigenen gemauerten Backofen gebacken. Ein Kuchen sollte vor allem satt machen. Damals gab es noch den großen Hunger nach schwerer körperlicher Arbeit. Da war z. B. der leichte, bizarr geformte Prophetenkuchen die Krönung aller großen Feste. Noch heute wird dieser Kuchen gern zubereitet und zählt zu den

Lieblingskuchen der Autorin. Doch neben den alten Rezepten gibt es viele neue, die in Thüringen zu Festen und im Alltag einfach dazugehören.

Im Laufe der Jahre sind die Festtagskuchen vielfältiger, feiner und zarter geworden, werden belegt, gefüllt, garniert und verziert. Und bei ihrer Farbenpracht „isst" das Auge mit. Jeder Gastgeber weiß: Bei einem Fest muss nur selten der Hunger gestillt werden; die Gäste wollen lieber naschen und von Allem probieren, als nach einem einzigen Stück satt zu sein. Deshalb bäckt man viele feine Festtagskuchen, schneidet sie in winzig-kleine Stücke und türmt diese auf Platten zu bunten Kuchenbergen auf. Jedes Stück wird genau betrachtet und genüsslich verkostet. Wer selbst bäckt, versucht das Geheimnis des Kuchens zu ergründen. Manche Rezepte machen dann die Runde, andere werden gehütet wie ein Familienschatz.

Die meisten Gebäcke kommen ohne kostspielige, aufwändige Zutaten aus. Frisches Obst für den Belag oder für all die Marmeladen und Konserven wächst meist im eigenen Garten. Die Butter für Teig oder Belag wird heute immer öfter durch Margarine ersetzt, sie macht den leckersten Kuchen leicht und bekömmlich. Nach dem Backen müssen allerdings viele der guten Thüringer Kuchen gebuttert und gezuckert werden. Denn diese Festtagskuchen sind kein kurzlebiges Gebäck. Sie werden schon Tage vor dem Fest gebacken und schmecken erst richtig gut, wenn sie „durchgezogen" sind.

Ein Ratschlag von Gudrun Dietze an alle, die ihre in vielen Jahren gesammelten und selbst erprobten Rezepte versuchen wollen:

Die wichtigsten Backzutaten sind Geduld und Liebe.

Autorin und Verlag wünschen gutes Gelingen und viel Freude beim Backen und Genießen der Thüringer Festtagskuchen, Torten und Plätzchen.

BELIEBTE HEFETEIGKUCHEN

HEFETEIG FÜR 1 KUCHEN

Das Mehl in eine Schüssel sieben, weiche Margarine, Zucker, Salz, Ei, Zitronenschale und die in handwarmer Milch aufgelöste Hefe zugeben und alles zu einem Teig verkneten. Zu einer Kugel formen, zugedeckt in der warmen Küche 45 bis 60 Minuten gehen lassen, bevor der Teig auf einem Backblech ausgerollt und weiter verarbeitet wird.

- 325–350 g Mehl
- 80 g Margarine (auch zur Hälfte Schweinefett)
- 50 g Zucker
- 1 Löffelspitze Salz
- 1 TL abgeriebene Schale von 1 unbehandelten Zitrone
- 1 Ei
- 75–100 ml Milch
- 15–20 g Hefe

SCHNELLER HEFETEIG FÜR 2 KUCHEN

Margarine, Zucker und Salz gut verrühren, Mehl darüber sieben und mit der in lauwarmer Milch aufgelösten Hefe alles gut verkneten. Warm gestellt 1 Stunde gehen lassen. Nochmals kurz durchkneten, in zwei Hälften teilen und für zwei Bleche ausrollen. Der Teig kann auch eingefroren werden, wenn nur ein Blech belegt werden soll.

- 175–200 g Margarine
- 150 g Zucker
- ½ TL Salz
- 675 g Mehl
- 200–225 ml Milch
- 40–50 g Hefe

FALSCHER HEFETEIG (QUARK-ÖL-TEIG)

Alle Zutaten miteinander verkneten. Die Teigkugel sofort auf einem Backblech ausrollen, belegen und backen. Bleibt der Teig zu lange stehen, wird er klebrig und lässt sich schlecht verarbeiten.

Tipp: Dieser Teig, der sich geschmacklich vom Hefeteig kaum unterscheidet, ist sehr beliebt falls keine Hefe zur Hand ist. Aber tagelanges Herumstehen macht ihn trocken!

- 100 g trockener Quark
- 4 EL Milch, 4 EL Öl
- 60 g Zucker
- 225–250 g Mehl
- reichlich ½ Pck. Backpulver
- 1 Ei
- 1 Prise Salz

GROSSMUTTERS APFELKUCHEN

Den ausgerollten Hefeteig dünn mit der Quarkmasse bestreichen. Dafür Zucker, Butter und Ei verrühren und den Quark zufügen. Aus dem halben Päckchen Puddingpulver mit ¼ l Milch und 2 EL Zucker einen Vanillepudding bereiten und erkaltet zugeben. Die übrigen Zutaten zufügen und kräftig rühren. Die in Rum oder Weinbrand eingeweichten Rosinen zugeben.

Äpfel schälen, in Spalten schneiden, Kernhaus entfernen, in Essigwasser legen, um das Braunwerden zu verhindern. Trockentupfen. Dicht auf den Kuchen legen. Gehackte Mandeln und in Rum getränkte Rosinen darüberstreuen. Grieß und Zucker vermischen, dick auf den Kuchen streuen und mit zerlassener Margarine beträufeln. Backen.

Nach dem völligen Auskühlen reichlich, mit bei milder Hitze zerlassener, abgekühlter Butter bepinseln. Die Butter muss auf dem Kuchen „stehen", ihn förmlich abdichten. Erst wenn die Butter fest ist, dick mit Puderzucker besieben.

Backzeit: 30–40 Minuten
Backhitze: 180–200 °C

Sehr altes Rezept. Dieser schmackhafte und gehaltvolle Kuchen bleibt lange frisch.

Teig:
- Hefeteig für 1 Kuchen (Rezept Seite 11)

Quarkmasse:
- 75 g Zucker
- 50 g Butter
- 1 Ei
- 200 g Quark
- Pudding (aus ½ Pck. Puddingpulver Vanillegeschmack, ¼ l Milch, 2 EL Zucker)
- 1 Pck. Vanillezucker
- 1 Msp. Zimt
- 50 g gehackte Mandeln
- 50 g Rosinen
- 1 Gläschen Rum oder Weinbrand

Belag:
- 1,5 kg Äpfel
- 75 g gehackte süße Mandeln (darunter 6 bittere)
- 50 g Rosinen
- 1 Gläschen Rum oder Weinbrand
- 3 EL Grieß
- 4 EL Zucker
- 50 g Margarine

zum Verfeinern:
- 125 g Butter
- 150 g Puderzucker

APFELKUCHEN BÄUERLICHE ART

Wie gewohnt einen Hefeteig zubereiten, gehen lassen und auf einem Backblech ausrollen.

Eier, Zucker, Vanillezucker, zerlassene Margarine oder Butter verrühren und den Quark unterrühren. Auf den ausgerollten Hefeteig streichen.

Apfelspalten mit Zucker, Zimt, Grieß und Zitronensaft vermischt in einen breiten Topf, in dem die heiße Butter ist, geben. Zugedeckt unter gelegentlichem Umrühren bei schwacher Hitze langsam dünsten. Durch das Vordünsten werden die Äpfel beim Backen weich und entfalten ihr volles Aroma.
In Rum eingeweichte Rosinen unterrühren. Die noch etwas feste Apfelmasse auf dem Quark verteilen. Gehackte Mandeln und Streusel darüber geben.

Für die Streusel Zucker, Mehl und Zimt mit zerlassener Butter verkneten. Den Kuchen backen. Erkaltet den Apfelkuchen mit zerlassener abgekühlter Butter bepinseln und mit Staubzucker besieben.

Backzeit: 30–40 Minuten
Backhitze: 180–200 °C, gute Unterhitze

Früher wie heute ein wichtiger Kirmeskuchen.

Tipp: Statt des Quarkbelags wird auch oft nur eine Puddingschicht unter die Äpfel gegeben.

Teig:
Hefeteig für 1 Kuchen

Erster Belag:
- 2 Eier
- 2–3 EL Zucker
- 2 Pck. Vanillezucker
- 50 g Margarine oder Butter
- 400–500 g Magerquark

Zweiter Belag:
- 1 kg Apfelspalten
- 2 gehäufte EL Zucker
- 1 TL Zimt
- 1 EL Grieß
- 2 EL Zitronensaft
- 1 EL Butter
- 2 EL Rum
- 100 g Rosinen
- 50 g gehackte Mandeln

Streusel:
- 125 g Zucker
- 200 g Mehl
- ½ TL Zimt
- 125 g Butter oder Margarine
- 20 g Butter
- 2 EL Staubzucker

APFELMUSKUCHEN

Hefeteig nach Rezept Seite 11 bereiten, ausrollen, ein gut gefettetes Backblech damit belegen, Teigrest beiseite stellen.

Apfelmus unter Rühren aufkochen lassen, Grieß einrühren. Vom Herd nehmen, ausquellen lassen. Die in Rum getränkten Rosinen hinzufügen, mit Zucker und Zimt abschmecken. Abkühlen lassen.

Diesen Belag auf den ausgerollten Hefeteig streichen.

Den restlichen Teig ausrollen, mit dem Kuchenrädchen Teigstreifen rädeln und gitterförmig über den Kuchen legen. Bei guter Mittelhitze ca. 25 Minuten backen.

Nach dem Erkalten den Kuchen buttern und dick mit Puderzucker bestäuben.

Backzeit: 25–30 Minuten
Hitze: 180–200 °C

Ein altes Rezept. Der Kuchen sieht auch sehr lecker aus, wenn das Teiggitter mit Zuckerguss überzogen wird.

Teig:
- Hefeteig für 2 Kuchen

Belag:
- 1 l dickes Apfelmus
- 3–4 EL Grieß
- 100 g Rosinen
- 1 Gläschen Rum oder Weinbrand
- 2 EL Zucker
- Zimt nach Geschmack

Zum Verfeinern:
- 125 g Butter
- 150 g Puderzucker

APFELKUCHEN NACH ZEULENRODAER ART

Den ausgerollten Hefeteig dünn mit zerlassener Margarine bepinseln und mit Semmelbröseln bestreuen.

Die vorbereiteten Apfelspalten sofort mit Zitronensaft vermengen, Vanillezucker und Zimt untermischen. Dicht auf den Hefeteig legen, die in Rum getränkten Rosinen darüberstreuen.

Von Milch, Zucker und Puddingpulver einen nicht zu süßen Pudding kochen und heiß über den Apfelspalten gleichmäßig verstreichen.

Nun 2 Eiweiß mit dem Zucker steifschlagen, die kurz verquirlten Eigelb darübergeben und das Mehl mit Backpulver darübersieben. Alles mit dem Löffel vermischen und über den Pudding streichen. Backen.

Über den erkalteten Kuchen einen weißen Zitronenguss streichen. Dafür das Eiweiß kurz verrühren, den Puderzucker mit Zitronensaft zugeben und alles 1–2 Minuten schön glattrühren, anschließend das zerlassene lauwarme Hartfett unterrühren. Über den glattgestrichenen Guss die bunten Zuckerstreusel streuen.

Erste Backzeit: 5 Minuten
Backhitze: 250 °C (braucht gute Unterhitze)

Zweite Backzeit: 25–30 Minuten
Backhitze: 200 °C

Teig:
- Hefeteig für 1 Kuchen
- Margarine
- Semmelbrösel

Erster Belag:
- 800–900 g Apfelspalten (süßsäuerlich, nicht zu hart)
- 2 EL Zitronensaft
- 2 Pck. Vanillezucker
- ½ TL Zimt
- 100 g Rosinen
- 2 EL Rum
- 800 ml Milch
- 3 EL Zucker
- 2 Pck. Vanillepuddingpulver

Zweiter Belag:
- 2 Eiweiß
- 75 g Zucker
- 3 Eigelb
- 125 g Mehl
- ¼ TL Backpulver

Guss:
- 1 Eiweiß
- 150 g Puderzucker
- 1 EL Zitronensaft
- 100 g Hartfett
- 1–2 EL bunte Streusel

Der Apfelkuchen mit einer dicken Streuseldecke, wie im Tipp empfohlen

APFELKUCHEN FESTLICHE ART

Magerquark, Frischkäse und 1 EL Zucker verrühren und die Masse auf den auf einem Backblech ausgerollten Hefeteig streichen. Eier, Zucker, Öl, Soßenpulver und einige Tropfen Rumaroma gut verquirlen und mit einem Löffel über der Quarkmasse verteilen.

Butter in einem breiten Topf zerlassen und die mit Zucker und Zitronensaft vermischten Apfelscheiben darin zugedeckt halb weich dünsten. Abgießen und über der Eier-Zucker-Schicht verteilen. Backen.

Abgetropften Apfelsaft mit Orangensaft auf 400 ml auffüllen und mit dem Tortenguss und 2–3 EL Zucker nach Vorschrift einen Tortenguss herstellen. Sofort auf den erkalteten Kuchen streichen.

Backzeit: 30–35 Minuten
Backhitze: 180–200 °C

Tipp: Als rustikale altmodische Variante können die Apfelspalten mit gehackten Mandeln und Rum-Korinthen vermischt und statt Tortenguss dicke Butterstreusel über den Kuchen verteilt werden. Ein ebenfalls sehr leckerer Kuchen.

Farblich ansprechender fruchtiger, feiner Kuchen, der sich sehr gut in kleine Stücke schneiden lässt.

Teig:
- Hefeteig für 1 Kuchen

Belag:
- 400 g Magerquark
- 200 g Frischkäse
- 1 EL Zucker
- 2 Eier
- 150 g Zucker
- 50 g Öl
- 2 TL Soßenpulver
- Rumaroma
- 1 EL Butter
- 1,25 kg Apfelspalten
- 4 EL Zitronensaft
- 4 EL Zucker
- ca. 200 ml Orangensaft
- 2 Pck. klarer Tortenguss
- 2–3 EL Zucker

BIENENSTICH

Margarine zerlassen, mit Zucker und Honig aufkochen, den Grieß und die Mandeln einstreuen, unter ständigem Rühren nochmals aufkochen lassen, vom Herd nehmen und ausquellen lassen. Mit Bittermandelöl abschmecken. Wenn die Masse erkaltet ist, die Eier unterrühren. Auf den ausgerollten Hefeteigboden streichen und bei Mittelhitze backen.

Den völlig erkalteten Kuchen dick mit zerlassener, lauwarmer Butter bestreichen. Die Butter muss auf dem Kuchen „stehen". Mit Puderzucker bestäuben.

Backzeit: 20 Minuten
Backhitze: 180–200 °C

Dieser Kuchen ist schnell zubereitet und besonders lange haltbar.

Teig:
- Hefeteig für 1 Kuchen

Belag:
- 300 g Margarine
- 200 g Zucker
- 100 g Honig
- 2 EL Grieß
- 300 g gehackte oder gemahlene Mandeln
- Bittermandelöl
- 3–4 Eier

zum Verfeinern:
- 100 g Butter
- 50 g Puderzucker

HASELNUSSKUCHEN

Margarine und Zucker schaumig schlagen, gehackte, leicht geröstete Haselnüsse und die Milch zufügen, rühren, Eier zugeben und zu einer glatten Masse verarbeiten. Auf den ausgerollten Hefeteig streichen und backen. Auskühlen lassen. Mit Nusscreme überziehen.

Dafür die Butter schaumig schlagen, 2 EL kalten Pudding unter ständigem Rühren hinzugeben und die Nuss-Nougat-Creme zufügen. Das Kokosfett zerlassen, Schokolade oder Kuvertüre im Wasserbad schmelzen und beides unterrühren.

Die Nusscreme auf den völlig erkalteten Kuchen streichen. Auf der Oberfläche mit der Gabel Muster ziehen. Fest werden lassen.

Backzeit: 20–25 Minuten
Backhitze: 180–200 °C

Ein sehr feiner Festtagskuchen, schmackhaft und von schönem Aussehen.

Teig:
- Hefeteig für 1 Kuchen

Belag:
- 300 g Margarine
- 250 g Zucker
- 300 g gehackte Haselnüsse
- 6 EL Milch
- 2 Eier

Nusscreme:
- 100 g Butter
- 2 EL Pudding (aus 200 ml Milch, 1 EL Zucker, 1 Pck. Soßenpulver Vanillegeschmack)
- 2 EL Nuss-Nougat-Creme
- 50 g Kokosfett
- 50 g Schokolade oder Kuvertüre

HUMMELSTICH

Einen ausgerollten Hefeteig mit Margarine bestreichen und mit Semmelbröseln bestreuen. Darauf einen noch heißen Kirschpudding streichen, der nach Grundrezept aus Kirschsaft, Pudding- und Soßenpulver sowie Zucker bereitet wurde. Die gut abgetropften Kirschen obenauf geben.

Den Blätterteig dünn ausrollen und auf die Kirschen legen. Bei guter Mittelhitze den Kuchen 10 Minuten backen. Er soll etwas Farbe haben.

Inzwischen die Butter zerlassen, Zucker und Mandeln zufügen und im Topf so lange rühren, bis der Zucker karamellisiert ist. Vom Herd nehmen, die Milch einrühren, abkühlen lassen. Zuletzt das Ei unterrühren.

Den Kuchen aus dem Backofen nehmen, die Krokantmasse auf die Blätterteigdecke streichen und den Kuchen fertig backen. Er bekommt einen feinen Glanz und braucht nicht zusätzlich gebuttert oder gezuckert zu werden.

Backzeit: 30–40 Minuten
Hitze: 180–200 °C

Sehr schmackhaft!

Teig:
- Hefeteig für 1 Kuchen
- 50 g Margarine
- 75 g Semmelbrösel

Belag:
- 500 ml Kirschsaft (evtl. mit Wasser verdünnt)
- 1 Pck. Puddingpulver Vanillegeschmack
- 1 Pck. Vanillesoßenpulver
- 3 EL Zucker
- 750 g gut abgetropfte Sauerkirschen aus der Konserve

Oberer Teig:
- 250 g Blätterteig (TK)

Krokantmasse:
- 125 g Butter
- 200 g Zucker
- 150 g gehackte Mandeln
- 2 EL Milch
- 1 Ei

SCHWARZER JOHANNISBEERKUCHEN

Einen Hefeteig zubereiten, gehen lassen. Ausrollen und aufs Blech legen.

Aus Saft, Puddingpulver und Zucker nach Grundrezept einen Pudding kochen (reduzierte Flüssigkeitsmenge!) und die Johannisbeeren untermischen. Auf den Kuchen streichen und backen. Erkalten lassen.

Aus Milch, Puddingpulver und Zucker einen weiteren Pudding kochen. Butter und Margarine cremig schlagen und in die handwarme Puddingmasse einrühren. Alles so lange schlagen, bis die Creme abgekühlt ist. Zuletzt den Alkohol zufügen. Über die Früchte streichen. Fest werden lassen.

Mit Schokoladenguss überziehen. Dafür das Kokosfett in einem Topf erwärmen, bis es flüssig ist. Inzwischen Zucker, Vanillezucker und den gesiebten Kakao mit dem Ei verrühren. Anschließend das etwas abgekühlte Kokosfett löffelweise darunterrühren. Zuletzt 1–2 EL Rum hinzufügen.

Backzeit: 20 Minuten
Backhitze: 180–200 °C

Sehr kräftig im Geschmack. Ein Kuchen für Kenner!

Teig:
- Hefeteig für 1 Kuchen

Belag:
- 500 g gut abgetropfte schwarze Johannisbeeren aus der Konserve
- 375 ml Saft (evtl. Wasser zugeben)
- 1 Pck. Puddingpulver Vanillegeschmack
- 3 EL Zucker

Creme:
- 375 ml Milch
- 1 Pck. Puddingpulver Vanillegeschmack
- 2 EL Zucker
- 100 g Butter
- 50 g Würfelmargarine
- 2 Gläschen Weinbrand oder Rum

Schokoguss:
- 125 g Kokosfett
- 3 EL Zucker
- 1 Pck. Vanillezucker
- 1 Ei
- 2–3 EL Kakao
- 1–2 EL Rum

JOHANNISBEERKUCHEN MIT „EISCREME“

Wie gewohnt einen Hefeteig zubereiten, gehen lassen und dann auf einem Backblech dünn ausrollen.

Die Johannisbeeren abtropfen lassen. Aus dem Saft mit dem Puddingpulver und dem Zucker nach Grundrezept einen Pudding kochen (verringerte Flüssigkeitsmenge!), etwas abkühlen lassen und die Früchte darunter mischen. Eventuell mit roter Kuchenfarbe kräftiger färben. Diese Masse auf der Kuchenplatte verteilen und backen. Auskühlen lassen.

Für die „Eiscreme“ aus Wasser, Zucker und Vanillepuddingpulver einen steifen Pudding kochen. In die heiße Masse die Butter rühren und den Weinbrand zufügen. Etwas abkühlen lassen. Ein Ei unterarbeiten. Das Kokosfett weißcremig schlagen und den Pudding unter ständigem Rühren löffelweise dazugeben.

Diese weiße Creme auf die Johannisbeermasse streichen und nach dem Festwerden mit einem Schokoladenguss überziehen. Dafür die Schokolade im Wasserbad schmelzen und das zerlassene Kokosfett sowie das Öl zufügen. Dünn auf die „Eiscreme“ geben.

Backzeit: 20 Minuten
Backhitze: 180–200 °C

Ein sehr beliebtes Rezept! Optisch und geschmacklich einer der besten Kuchen. Allerdings ein wenig zeitaufwändig.

Teig:
- Hefeteig für 1 Kuchen

Belag:
- 700 g Johannisbeeren aus der Konserve (etwa ein 1,5-Liter-Glas oder zwei kleinere)
- 375 ml Saft (evtl. mit Wasser auffüllen)
- 1 Pck. rotes Puddingpulver (z. B. Himbeergeschmack)
- 5 EL Zucker
- rote Kuchenfarbe

„Eiscreme“:
- ¼ l Wasser
- 2 EL Zucker
- 1 Pck. Puddingpulver Vanillegeschmack
- 125 g Butter
- 3 Gläschen Weinbrand
- 1 Ei
- 125 g Kokosfett

Schokoladenguss:
- 150 g bittere Schokolade
- 50 g Kokosfett
- 1 TL Öl

KNUSPERKUCHEN

Saure Sahne und Speisestärke verrühren und auf den ausgerollten Hefeteig streichen.

Die gemahlenen Haselnüsse und die gehackten Walnüsse mit dem Zucker mischen, auf den Belag streuen und mit der zerlassenen Butter beträufeln. Backen.

Nach dem Abkühlen mit einem durchsichtigen, glänzenden Zitronenguss überziehen. Dafür den gesiebten Puderzucker mit Zitronensaft, heißem Wasser und dem zerlassenen, wieder abgekühlten Kokosfett gut verrühren.

Backzeit: 20 Minuten
Backhitze: 180–200 °C

Ein schneller Sonntagskuchen, der wegen seines „runden" Geschmacks – säuerlich und knusprig zugleich – sehr beliebt ist. Er hält sich auch einige Tage frisch.

Teig:
- Hefeteig für 1 Kuchen

Belag:
- 200 ml saure Sahne
- 2 TL Speisestärke

Füllung:
- 150 g gemahlene Haselnüsse
- 100 g grob gehackte Walnüsse
- 150 g Zucker
- 50 g Butter

durchsichtiger Zitronenguss:
- 200 g Puderzucker
- 2 EL Zitronensaft
- 1 EL heißes Wasser
- 50 g Kokosfett

KIRMESKUCHEN

Die Margarine mit Zucker und Eiern verrühren, Zitronenaroma und Zitronensaft hinzufügen. Den Quark unterziehen. Einen Pudding nach Grundrezept bereiten (reduzierte Milchmenge!), leicht auskühlen lassen und zu der Quarkmasse geben. Kräftig verrühren. Mit dieser Quarkmasse, die nicht süß schmecken darf, einen ausgerollten Hefeteig dick bestreichen.

Für den Guss die Margarine zerlassen, Öl, Zucker, Vanillezucker, Rum, Rumaroma und Bittermandelöl zufügen und kräftig mit dem Schneebesen verrühren. Eier zugeben und weiterrühren. Zuletzt Mehl und Backpulver unterheben.

Diesen süßen Guss, der nach dem Backen ganz knusprig sein wird, auf die Quarkmasse geben.

Aus Zucker, Mehl und der zerlassenen Margarine kleine Streusel kneten und auf dem Guss verteilen. Eine Handvoll Zucker darüberstreuen. Backen.

Auskühlen lassen. Vor dem Servieren dünn mit Puderzucker bestäuben.

Backzeit: 30–35 Minuten
Backhitze: 180–200 °C

Aus dem Gegensatz von säuerlichem Quark und süßem Guss ergibt sich der Wohlgeschmack dieses feinen Kuchens. Am besten frisch – noch lauwarm – verzehren!

Teig:
- Hefeteig für 1 Kuchen

Belag:
- 100 g Margarine
- 50 g Zucker
- 2 Eier
- Zitronenaroma nach Geschmack
- 2 EL Zitronensaft
- 750 g Quark
- Pudding (aus 400 ml Milch, 1 Pck. Puddingpulver Vanillegeschmack, 3 EL Zucker)

Guss:
- 175 g Margarine
- 3 EL Öl
- 200 g Zucker
- 2 Pck. Vanillezucker
- 4 EL Rum
- ½ Fläschchen Rumaroma
- 3 Spritzer Bittermandelöl
- 2 große Eier
- 60 g Mehl
- ½ TL Backpulver

Streusel:
- 75 g Zucker
- 75 g Mehl
- 50 g Margarine
- eine Handvoll Zucker

zum Verfeinern:
- Puderzucker

WEISSER KOKOSKUCHEN

Margarine zerlassen (nicht bräunen!), Zucker und Honig zufügen, verrühren und mit der Milch aufkochen lassen. Die Kokosraspel hinzufügen und nochmals kurz aufkochen lassen. Zitronensaft beigeben.

Die Kokosmasse fast erkalten lassen, nun das verquirlte, etwas angeschlagene (nicht steif geschlagene!) Eiweiß gut untermischen. (Damit die Kokosmasse weiß bleibt, darf kein Eigelb zugegeben werden!) Den Belag auf den ausgerollten Hefeteig streichen und backen.

Mit einer Schokoladenglasur dünn überziehen. Dafür die Schokolade im Wasserbad erhitzen, mit Öl und dem zerlassenen Kokosfett geschmeidig rühren und auf den abgekühlten Kuchen geben. Wer mag, bestreut den Kuchen noch mit Kokosraspel.

Backzeit: 20 Minuten
Backhitze: 180 °C

Saftig und knusprig, eine richtige süße Leckerei!

Teig:
- Hefeteig für 1 Kuchen

Belag:
- 350 g Margarine
- 300 g Zucker
- 60 g Honig
- 4 EL Milch
- 250 g Kokosraspel
- Saft von ½ Bio-Zitrone
- 6 Eiweiß

Schokoladenglasur:
- 150 g bittere Schokolade
- 50 g Kokosfett
- 1 TL Öl

OBSTKUCHEN MIT EISCHNEE

Einen ausgerollten Hefeteig mit der aus allen Zutaten gut verrührten Quarkmasse bestreichen, Obst gut abtropfen lassen und auf den Teigboden legen. Den Kuchen 15 Minuten backen.

Inzwischen die Eiweiß steif schlagen, Zucker allmählich einrieseln lassen und weiterschlagen, zuletzt den Obstsaft unterrühren.

Den halbfertig gebackenen Kuchen aus dem Herd nehmen, den Eischnee darüberstreichen, mit dem Garnierkamm Wellen formen und den Kuchen noch ca. 15 Minuten weiterbacken, bis der Eischaum leicht gebräunt ist.

Backzeit: insgesamt 30 Minuten
Backhitze: 180–200 °C

Diesen Kuchen stets frisch verzehren!

Teig:
- Hefeteig für 1 Kuchen

Quarkmasse:
- 100 g Zucker
- 3 Eigelb
- 500 g Quark
- 1 Pck. Puddingpulver Vanillegeschmack
- ¼ l Milch
- 2 EL Zucker
- 1 Pck. Vanillezucker
- 50 g gehackte Mandeln
- Bittermandelöl nach Geschmack
- 50 g Rosinen
- 1 Gläschen Rum

Belag:
- 750 g Konservenobst, z. B. Stachelbeeren, Kirschen, Johannisbeeren

Eischnee:
- 4 Eiweiß
- 150 g Zucker
- 75 ml Obstsaft

MANDELKUCHEN MIT BLÄTTERTEIGDECKE

Wie gewohnt einen Hefeteig zubereiten und gehen lassen.

Für den Belag die Margarine zerlassen, Zucker und gemahlene Mandeln unter Rühren hinzugeben, aufkochen lassen. Mit Bittermandelöl verfeinern. Nach dem Abkühlen die Eier einarbeiten.

Den auf dem Backblech ausgerollten Hefeteig mehrmals mit der Gabel einstechen, die Mandelmasse auf die Teigplatte streichen und backen.

Nach dem Abkühlen den Mandelkuchen mit Buttercreme füllen. Dafür aus Puddingpulver, Zucker und Milch einen Vanillepudding bereiten, erkalten lassen. Die Butter schaumig schlagen, löffelweise den Pudding zufügen und rühren.

Auf die Buttercreme kommt eine ganz dünne, extra gebackene Blätterteigdecke. Dafür den Blätterteig ausrollen, auf ein mit kaltem Wasser abgespültes Backblech legen, mehrmals mit der Gabel einstechen und ca. 5 Minuten bei Mittelhitze (ca. 180 °C) backen.

Sofort vom Blech lösen, abkühlen lassen, auf den Kuchen legen und mit Puderzucker bestäuben.

Backzeit: 20 Minuten
Backhitze: 180 °C

Backzeit Blätterteigdecke: ca. 5 Minuten
Backhitze: 180 °C

Ein besonders feiner Festtagskuchen.

Teig:
- Hefeteig für 1 Kuchen

Belag:
- 200 g Margarine
- 200 g Zucker
- 200 g gemahlene Mandeln
- 1 Spritzer Bittermandelöl
- 2 Eier

Buttercreme:
- 1 Pck. Puddingpulver Vanillegeschmack
- 2 EL Zucker
- 375 ml Milch
- 175 g Butter

Blätterteigdecke:
- 250 g Blätterteig (TK)
- 100 g Puderzucker

QUARKKUCHEN

Nach Grundrezept einen Hefeteig kneten, gehen lassen und auf dem Backblech ausrollen.

Für den Belag die Eier trennen. Zucker und Eigelb verrühren, Quark zufügen und alles kräftig mit dem Schneebesen schlagen. Den nach Grundrezept zubereiteten halben Vanillepudding und das restliche Puddingpulver gut einrühren, Vanillezucker, abgeriebene Zitronenschale, Zitronensaft, Zimt, Salz, Mandeln, Bittermandelöl und die Rosinen (vorher in Rum einweichen!) zufügen. Zuletzt die zerlassene Butter und die steif geschlagenen Eiweiß zufügen.

Diese Quarkmasse auf den ausgerollten Hefeteig streichen und bei guter Mittelhitze backen. Der Teig sollte schön gebräunt, der Belag aber hell aussehen.

Den heißen Quarkkuchen entweder mit reichlich zerlassener Butter bestreichen und zuckern oder mit einer Nougatcreme bestreichen. Das empfiehlt sich vor allem dann, wenn man ihn nicht sofort verzehren möchte.

Für die Nougatcreme Butter und gesiebten Puderzucker gut verrühren, mit dem Eigelb cremig schlagen, gesiebten Kakao und Rumaroma zufügen. Zuletzt mit der im Wasserbad erhitzten Schokolade verrühren. Gleichmäßig auftragen. Zur Verzierung mit dem Garnierkamm in Wellen darüberfahren.

Backzeit: 30–45 Minuten
Backhitze: 200–250 °C

Ein klassischer Kuchen, saftig und frisch im Geschmack. Besonders fein mit der Nougatcreme.

Teig:
- Hefeteig für 1 Kuchen

Belag:
- 6 Eier
- 175 g Zucker
- 1 kg Quark
- Pudding (aus ¼ l Milch, 1 EL Zucker, ½ Pck. Puddingpulver Vanillegeschmack)
- ½ Pck. Puddingpulver Vanillegeschmack
- 2 Pck. Vanillezucker
- abgeriebene Schale von ½ unbehandelten Zitrone
- 2 EL Zitronensaft
- ¼ TL Zimt
- 1 Prise Salz
- 75 g gehackte süße Mandeln
- 1 Spritzer Bittermandelöl
- 75 g Rosinen
- 1 Gläschen Rum
- 150 g Butter

zum Verfeinern:
- 100 g Butter
- 100 g Puderzucker

ODER

Nougatcreme:
- 100 g Butter
- 100 g Puderzucker
- 1 Eigelb
- 1 EL Kakao
- Rumaroma
- 100 g bittere Schokolade

PFLAUMENKUCHEN MIT STREUSELDECKE

Den ausgerollten Hefeteig mit zerlassener Margarine bestreichen, mit Semmelbröseln bestreuen. Die gut abgetropften Pflaumen auf den Teig legen.

Aus Mehl, der zerlassenen, abgekühlten Margarine, Vanillezucker, Zimt und Zucker Streusel kneten und dicht auf die Pflaumen krümeln. Backen.

Nach dem Erkalten den Kuchen buttern und mit Puderzucker bestäuben.

Backzeit: 30 Minuten
Backhitze: 180–200 °C

Säuerlich-süß, saftig und knusprig ist dieser beliebte Kuchen. Er bleibt 2 bis 3 Tage frisch, dann werden die Streusel weicher.

Teig:
- Hefeteig für 1 Kuchen
- 50 g Margarine
- 75 g Semmelbrösel

Belag:
- 750 g Pflaumen ohne Stein

Streusel:
- 300 g Mehl
- 200 g zerlassene Margarine
- 200 g Zucker
- 1 Pck. Vanillezucker
- Zimt nach Geschmack

zum Verfeinern:
- 100 g Butter
- 75 g Puderzucker

SAUERKIRSCHKUCHEN MIT MÜRBETEIGDECKE

Den ausgerollten Hefeteig mit zerlassener Margarine bestreichen, mit Semmelbröseln bestreuen.

Die Sauerkirschen abtropfen lassen. In 500 ml lauwarmen Saft (evtl. mit Wasser auffüllen) den Grieß einrieseln lassen und unter ständigem Rühren aufkochen lassen, Zucker zufügen und vom Herd nehmen. Die Kirschen hinzugeben. Diese Grieß-Kirsch-Masse auf den Teigboden streichen.

Einen geschmeidigen Mürbeteig kneten, 30 Minuten im Kühlschrank ruhen lassen, auf bemehlter Unterlage dünn ausrollen und auf die Kirschfüllung legen. Das geht am besten, wenn der Teig zunächst aufs Nudelholz gerollt wird und dann über dem Kuchen wieder abgerollt werden kann. Backen.

Nach dem Erkalten den Kuchen reichlich buttern und dick mit Puderzucker bestäuben.

Backzeit: 30–40 Minuten
Backhitze: 180–200 °C

Der Kuchen schmeckt auch sehr gut, wenn die obere Teigplatte nach dem Backen mit Zuckerguss überzogen wird. Ein Kuchen auch für heiße Tage, er verdirbt selbst bei hochsommerlichen Temperaturen nicht so schnell.

Teig:
- Hefeteig für 1 Kuchen
- 50 g Margarine
- 75 g Semmelbrösel

Belag:
- 750 g entsteinte Sauerkirschen aus der Konserve
- ½ l Kirschsaft
- 4 EL Grieß
- 3 EL Zucker

Mürbeteig:
- 250 g Mehl
- 100 g Margarine
- 100 g Zucker
- 1 Ei
- 2–3 EL Milch
- 1 TL Backpulver

zum Verfeinern:
- 50 g Butter
- 25–50 g Puderzucker

STACHELBEERKUCHEN MIT „SPECKFETT"-GLASUR

Auf dem ausgerollten Hefeteig die Quarkcreme dünn verstreichen. Dafür den Quark mit einem nach Grundrezept gekochten, abgekühlten Vanillepudding verrühren. Vanillezucker, 1 TL Puddingpulver und die zerlassene Butter zugeben und gut verrühren. Auf diese Quarkcreme die Früchte legen. Backen und gut auskühlen lassen.

Für die Buttercreme einen Vanille- oder Mandelpudding bereiten, erkalten lassen. Die Butter schaumig schlagen, löffelweise den Pudding zufügen und rühren. Die Creme dünn auf die Früchte streichen. Fest werden lassen.

Den Puderzucker mit dem Ei kräftig verrühren, Zitronensaft zugeben und das zerlassene, leicht abgekühlte Kokosfett allmählich unterrühren. Die Mandeln in der trockenen Pfanne rösten, abkühlen lassen und unterheben. Mit dieser „Speckfett"-Glasur den Stachelbeerkuchen vorsichtig überziehen. Kalt stellen.

Backzeit: 25 Minuten
Backhitze: 180–200 °C

Die süße, knackige „Speckfett"-Masse auf den säuerlichen Beeren gibt dem Kuchen den besonderen Geschmack.

Teig:
- Hefeteig für 1 Kuchen

Quarkcreme:
- 100 g Quark
- Pudding (aus ¼ l Milch, 2 EL Zucker, ½ Pck. Puddingpulver Vanillegeschmack)
- 1 Pck. Vanillezucker
- 1 TL Puddingpulver
- 50 g Butter

Belag:
- 750 g gut abgetropfte Stachelbeeren aus der Konserve

Buttercreme:
- 375 ml Milch
- 3 EL Zucker
- 1 Pck. Puddingpulver Vanille- oder Mandelgeschmack
- 125 g Butter

„Speckfett"-Glasur:
- 5 EL Puderzucker
- 1 Ei
- 2 EL Zitronensaft
- 100 g Kokosfett
- 100 g gehackte Mandeln

STREUSELKUCHEN

Den ausgerollten Hefeteigboden mit lauwarmer Milch einstreichen und mehrmals mit der Gabel einstechen.

Aus der Margarine, Zucker, Zimt, Vanillezucker und Mehl Streusel kneten. Die Menge teilen und eine Hälfte mit dem Kakao verkneten. Die hellen Streusel portionsweise auf den Teig zupfen, mit den dunklen die Lücken füllen, so dass ein schwarzweißes Muster Ihrer Wahl entsteht. Backen.

Danach, wenn der Kuchen noch heiß ist, die Butter in der ebenfalls heißen Milch verrühren und den Kuchen damit beträufeln. Erst jetzt den Kuchen auskühlen lassen.

Später den völlig erkalteten Streuselkuchen nochmals mit zerlassener Butter bestreichen. Mit Puderzucker bestäuben.

Backzeit: 200–25 Minuten
Backhitze: 180–200 °C

Der Kuchen ist knackig, saftig und lange haltbar. Werden allerdings die Streusel aus Butter bereitet, laufen sie breit und behalten nicht ihre Form.

Teig:
- Hefeteig für 1 Kuchen
- 2 EL Milch

Streusel:
- 350 g Margarine
- 250 g Zucker
- 1–2 TL Zimtpulver
- 1 Pck. Vanillezucker
- einige Tropfen Bittermandelöl
- 450 g Mehl
- 4 EL Kakao

zum Bestreichen:
- 125 ml heiße Milch
- 60 g Butter

zum Verfeinern:
- 100 g Butter
- 50 g Puderzucker

ALTTHÜRINGER RUPFKUCHEN

Teig:
- Hefeteig für 1 Kuchen

Kokosschicht:
- 200 g Margarine
- 200 g Zucker
- 200 g Kokosraspel
- 100 g Schmand
- 2 Pck. Vanillezucker
- 2 große Eier

Puddingschicht:
- 1 kg gefrostete Johannisbeeren (über Nacht abtropfen lassen)
- 350–400 ml Saft von den abgetropften Beeren
- 1 Pck. Himbeer- oder Erdbeerpudding
- 150 g Zucker
- 75 g Bitterschokolade
- 2 TL Öl

Margarine erhitzen, Zucker, Vanillezucker und Kokosraspeln unterrühren. Vom Feuer nehmen. Etwas abgekühlt den Schmand und später die Eier unterrühren. 250 g von dieser Masse beiseite stellen. Den Rest auf den ausgerollten Hefeteig streichen.

Aus Johannisbeersaft, Puddingpulver und Zucker einen Pudding kochen, vorsichtig die abgetropften Beeren untermischen. Johannisbeerpudding über die Kokosschicht streichen. Von der beiseitegestellten Kokosmasse kleine Häufchen abrupfen und etwas breitgedrückt über den Kuchen zupfen. Backen.

Schokolade mit heißem Öl verrühren. Wenn der Kuchen erkaltet ist, dünne Schokofäden über den Kuchen ziehen.

Backzeit: 20–25 Minuten
Backhitze: 200–225 °C

WEINTRAUBENKUCHEN

Eier, Zucker und Vanillezucker kurz verrühren und den Quark mit zerlassener abgekühlter Margarine unterrühren. Puddingpulver und Soßenpulver zugeben und alles gut verrühren. Auf den ausgerollten Hefeteig streichen und die gewaschenen Trauben darüber streuen, etwas eindrücken. Kuchen backen und dann erkalten lassen.

Aus Saft, Zucker und Götterspeisepulver eine Götterspeise herstellen und kurz vor dem Gelieren mit der steifgeschlagenen Sahne verrühren. Alles über den Kuchen streichen.

Backzeit: ca. 20 Minuten
Backhitze: 180–200 °C

Feiner mild-fruchtiger Kuchen von schöner Farbe, der sich auch wunderbar schneiden lässt.

Teig:
- Hefeteig für 1 Kuchen

Belag:
- 4 Eier
- 200 g Zucker
- 2 Pck. Vanillezucker
- 750–800 g Magerquark
- 300 g Margarine
- 1 Pck. Puddingpulver
- 1 Pck. Vanillesoßenpulver
- 700 g kernlose kleine grüne Weintrauben

Guss:
- 400 ml Orangen- oder Apfelsaft
- 4 EL Zucker
- 1 Pck. grüne Götterspeise
- 200 ml Schlagsahne
- 1 Pck. Sahnesteif

MOZARTKUCHEN

Feingemahlene (möglichst weiße) Mandeln mit Puderzucker und Weinbrand auf der nicht zu heißen Herdplatte ca. 1 Minute rühren, bis sich die Masse zusammenballt. Margarine, Zucker und Aroma unterrühren. Vom Herd nehmen, etwas abgekühlt die Eiweiß unterrühren und auf einen ausgerollten Hefeteig streichen. Backen.

Milch, Puddingpulver und Eigelb verquirlen und aufkochen lassen. Weinbrand unterrühren und abkühlen lassen. Währenddessen die Butter cremig schlagen und den Pudding löffelweise unterschlagen. Nun das im Wasserbad weich gewordene Kuvertüre-Nugat-Gemisch abgekühlt unterrühren. Auf den erkalteten Kuchen streichen und fest werden lassen.

Einen dunklen Schokoladenguss auf die helle Nugatmasse geben. Dafür Ei mit Zucker gut verrühren, Kakao unterziehen, Hartfett abgekühlt zugeben und mit Milch glattrühren.

Backzeit: ca. 20 Minuten
Backhitze: 180–200 °C

Ein ganz besonders feiner Kuchen, der an die bekannten Mozartkugeln erinnert. Zu Festtagen ist er nicht nur wegen des Geschmacks, sondern auch wegen seiner guten Haltbarkeit sehr beliebt. Sieht besonders schön aus, wenn man ihn in einer Springform bäckt. Dann wird er auch etwas höher.

Teig:
- Hefeteig für 1 Kuchen

Erster Belag:
- 150 g gemahlene Mandeln
- 100 g Puderzucker
- 5 EL Weinbrand
- 100 g Margarine
- 100 g Zucker
- ¼ Fläschchen Bittermandelöl
- 3 Eiweiß

Zweiter Belag:
- ¼ l Milch
- 1 Pck. Vanillepuddingpulver
- 1 Eigelb
- 4 EL Weinbrand
- 75 g Butter
- 1–2 EL nicht zu weicher Nugataufstrich
- 200 g Vollmilchkuvertüre

Schokoladenguss:
- 1 Ei
- 3 gehäufte EL Zucker
- 2 EL Kakao
- 125 g Hartfett
- 1–2 EL Milch oder Weinbrand, auch Rum

EIERSCHECKE

Wie gewohnt einen Hefeteig nach Rezept Seite 11 zubereiten, gehen lassen und auf einem gefetteten Backblech ausrollen.

Aus Milch und Puddingpulver einen Pudding ohne Zucker kochen.

Für die Quarkmasse den Quark mit Salz, Zucker, Speisestärke, Zitronensaft und Öl verrühren. Ein Drittel (ca. 4 EL) von dem gekochten Pudding unter die Quarkmasse rühren. Die Masse auf den ausgerollten Hefeteig streichen.

Die Eier trennen. Margarine mit 100 g Zucker cremig schlagen, 6 Eigelb unterschlagen. Handwarmen Pudding löffelweise zugeben. Mehl unterschlagen.

Den restlichen Zucker (200 g) mit den 6 Eiweiß steif schlagen und unter die Puddingmasse ziehen. Alles auf die Quarkmasse streichen, zur Mitte hin etwas dicker auftragen. Den Kuchen backen und abgekühlt mit Puderzucker bestäuben.

Backzeit: 40–45 Minuten
Backhitze: 180 °C

Zu DDR-Zeiten wurde die Eierschecke nach diesem Rezept ausschließlich mit Marina-Margarine gebacken. Sie können heute gern Sahna dafür verarbeiten.

Teig:
- Hefeteig für 1 Kuchen

Quarkmasse:
- 750 g Magerquark
- ¼ TL Salz
- 75 g Zucker
- 1 EL Zitronensaft
- 1 gehäufter TL Speisestärke
- 4 EL Öl
- 4–5 EL gekochten Pudding

Schecke:
- ¾ l Milch
- 2 Pck. Puddingpulver
- 6 Eier
- 300 g Margarine
- 1 EL Mehl
- 300 g Zucker
- 2 Pck. Vanillezucker

HALBKALTER

Hefe in eine Schüssel krümeln und mit Schnaps verrühren. Eier und Zucker unterrühren und mit zerlassenem fast erkaltetem Butter-Margarine-Gemisch gut durchschlagen. Die reichliche Hälfte Mehl unterschlagen, den Rest unterkneten. Teig ca. 45 Minuten gehen lassen.

Für die Streusel Mehl, Zucker und zerlassene Butter oder Margarine verkneten. Die Streusel können zur Hälfte mit Kakao vermischt werden.

Dann den Teig teilen und auf zwei Blechen dünn ausrollen. Mit einer Gabel mehrmals einstechen, mit Milch bepinseln (damit die Streusel besser kleben) und die Streusel darüber verteilen. Beide Kuchen über Nacht kalt stellen.

Am nächsten Tag backen.

Heiße Milch auf den heißen Kuchen pinseln und zerlassene Butter auf den erkalteten Kuchen pinseln. Dünn mit Staubzucker besieben und in Streifen von ca. 3 cm x 8 cm schneiden.

Die Gebäckstreifen in einem Topf kühl aufbewahren, sie sind über Wochen haltbar.

Backzeit: 10–15 Minuten / Backhitze: 180 °C

Tipp: Heute wird das Gebäck noch zusätzlich mit Mandelstiften und Vanillezucker bestreut.

Das ist ein uraltes und praktisches Rezept aus der Thüringer Landküche, das unbedingt erhalten bleiben sollte. Allerdings wurde dafür früher nur gute Butter verarbeitet. Kam plötzlich ganz unerwartet mal die Verwandtschaft mit dem Pferdegeschirr über die Dörfer, hatte man mit dem „Halbkalten" immer etwas anzubieten.

Für 2 Kuchen

Hefeteig:
- 15 g Hefe
- 3 EL Rum oder Weinbrand
- 3 Eier
- 3 EL Zucker
- 125 g Butter
- 125 g Margarine
- 1 Prise Salz
- 500 g Mehl

Streusel:
- 450 g Mehl
- 350 g Zucker
- 350 g Butter oder Margarine
- Kakao nach Belieben

Zum Verfeinern:
- 1/8 l Milch
- 100–150 g Butter
- evtl. Mandelstifte und Vanillezucker

KROKANT-KARAMELL-KUCHEN

Einen ausgerollten Hefeteig reichlich mit Milch bepinseln und mit einer Gabel einstechen. Staubzucker, Mandeln und Kakao in einer Schüssel vermischen und mit einem Löffel auf dem Teig verteilen. Etwas andrücken und in die kalte Röhre schieben. Backen, bis er unten gebräunt ist.

Den heißen Kuchen mit heißer Butter bepinseln oder besser beträufeln. Ist er kalt und fest, den Karamellguss darüber geben.

Dafür den Zucker langsam zerlassen, so dass er eine dunkle Honigfarbe annimmt. Mit der Milch ablöschen und etwa zur Hälfte einköcheln lassen. Die zerbröckelte Schokolade, den Sirup und die Butter einrühren. Evtl. 1 bis 2 EL Weinbrand zugeben. Wird der Guss zu fest, dann wieder etwas erwärmen, bis er flüssiger und streichfähiger ist. Nur leicht erwärmen. Hitze zerstört jeden Schokoladenguss!

Backzeit: 20 Minuten
Backhitze: 200 °C

Für diesen Kuchen ist es ratsam, dass er nicht zu trocken aufbewahrt wird. Früher hieß es: Streuselkuchen o. ä. gehört in ein zaches (feuchtes) Gewölbe (Speisekammer).

Teig:
- Hefeteig für 1 Kuchen

Belag:
- 100 ml Milch
- 200 g Staubzucker
- 250 g grob gehackte Mandeln
- 4 EL Kakao
- 250 g zerlassene Butter

Karamellguss:
- 75 g Zucker
- 150 ml Milch
- 250–300 g weiße Schokolade
- 2 TL dunkler Rübensirup
- 1 EL Butter
- 1–2 EL Weinbrand

KÜRBISKUCHEN

Den Hefeteig nach Grundrezept (Seite 11) zubereiten und gehen lassen.

Für den Belag weiche Margarine und Zucker dickcremig schlagen. Nach und nach die etwas angewärmten Eier zugeben.

Kürbiswürfel mit Wasser bedeckt in ca. 15 Minuten weich kochen. Über einem Durchschlag abtropfen lassen. Diese Masse löffelweise nicht zu kalt unter die Eiermasse schlagen. Kokosraspel und geriebene bittere Mandeln unterrühren. Auf den ausgerollten Hefeteig streichen und vorbacken.

Für die Decke Eigelb, Zucker, Schmand und Kartoffelstärke verrühren und das mit 1 EL Zucker steif geschlagene Eiweiß unterziehen. Auf vorgebackenen Kuchen streichen und fertig backen. Die Decke muss schön gebräunt sein.

Backzeit: 15 Minuten vorbacken,
10 Minuten fertig backen
Backhitze: 200 °C

Tipp: Wird die Masse während des Schlagens grob flockig (passiert, wenn die Zutaten zu kalt sind), Schüssel in warmes Wasserbad stellen und wieder glatt schlagen. Mit dem Mixstab pürierte Kürbismasse wird besonders fein.

Ein schöner, appetitlich gelber Kuchen.

Teig:
- Hefeteig für 1 Kuchen

Belag:
- 200 g Margarine
- 150 g Zucker
- 4 Eier
- 750 g Kürbiswürfel
- 100 g Kokosraspel
- 5–6 bittere Mandeln

Decke:
- 2 Eigelb
- 2 EL Zucker
- 2 EL Kartoffelstärke
- 2 EL Schmand
- 2 Eiweiß
- 1 EL Zucker

RHABARBERKUCHEN

Traubensaft mit Zucker aufkochen, Rhabarberwürfel zugeben, kurz kochen und über einem Sieb abtropfen lassen. Den Saft auffangen und aufheben.

Fein gemahlene (oder fein gehackte) Mandeln mit Zucker, Ei und Kaffeesahne verrühren und als dünne Schicht auf einen ausgerollten Hefeteig streichen.

Aus Milch, Zucker, Vanillezucker und Puddingpulver einen straffen Pudding kochen und den Schmand einrühren. Über der Mandelschicht verteilen. Rhabarberwürfel mit einer Gabel darüber geben. Backen.

Inzwischen aus dem aufgefangenen Rhabarbersaft, Zucker und Tortenguss einen roten Guss herstellen und sofort über den Kuchen streichen.

Backzeit: 25–30 Minuten
Backhitze: 180–200 °C

Tipp: Da Rhabarber dem Körper Kalzium entzieht, sollte er immer in Verbindung mit Milchprodukten verwendet werden.

Fruchtig saftiger Kuchen. Die dünne Mandelschicht als Schutzschicht verträgt viel Feuchtigkeit und der Teig bleibt bissfest und trocken. Auch Semmelmehl auf einen ausgerollten Hefeteig gestreut, bietet einen gewissen Schutz vor dem Aufweichen des Teigbodens.

Teig:
- Hefeteig für 1 Kuchen

Belag:
- ¼ l roter Traubensaft
- 100 g Zucker
- 1,25 kg Rhabarberstücke
- 100 g gehackte Mandeln
- 4 gehäufte EL Zucker
- 1 Ei
- 1–2 EL Kaffeesahne
- ½ l Milch
- 4 EL Zucker
- 4 Pck. Vanillezucker
- 600 g Schmand
- 2 Pck. Vanillepuddingpulver

Guss:
- ½ l Abtropfsaft vom Rhabarber
- 2 Pck. roter Tortenguss
- Zucker nach Geschmack

KLECKSKUCHEN

Für die Quarkmasse alle Zutaten verrühren.

Für die Mohnmasse Milch erhitzen. Mohn, Mehl, Grieß und Zucker vermischen und in die heiße Milch einrieseln lassen. Einige Male aufkochen, Margarine und Gewürze zugeben, in die lauwarme Masse das Ei rühren.

Für die Kokosmasse die Margarine schmelzen, Zucker unterrühren und die Kokosraspel zugeben. Fast erkaltet die Eier unterrühren.

Einen Hefeteig ausrollen, mit zwei Teelöffeln schräg über den Teigboden abwechselnd Kokosmasse, Marmelade, Mohn- und Quarkmasse in kleinen Häufchen dicht nebeneinander setzen. Backen.

Den erkalteten Kuchen mit Butter bepinseln und ganz dünn mit Puderzucker besieben, so trocknet er nicht aus.

Backzeit: 25–30 Minuten
Backhitze: 200-225 °C

Tipp: Gibt man unter die Quarkmasse 2 bis 3 EL gekochten Pudding, wird der Quark besonders locker und cremig. cremig. Je nach Geschmack kann die Kuchenoberfläche zusätzlich mit ganz kleinen Streuseln bestreut werden, aber so dass die farbige Oberfläche noch zu sehen ist.

Dieser Kuchen gibt ein farblich schönes Bild und überzeugt mit interessantem Geschmack. Der kleine Aufwand lohnt sich auf alle Fälle.

Teig:
- Hefeteig für 1 Kuchen

Quarkmasse:
- 75 g Margarine
- 50 g Zucker
- 2 Pck. Vanillezucker
- 1 Ei
- 375 g Quark
- 1 EL Zitronensaft
- 1 Prise Salz

Mohnmasse:
- 400 ml Milch
- 175 g Mohn
- 1 EL Mehl
- 1 EL Grieß
- 2 EL Zucker
- 75 g Margarine
- 1 Msp. Zimt
- 1 Spritzer Rumaroma
- 1 kleines Ei

Kokosmasse:
- 125 g Margarine
- 125 g Zucker
- 125 g Kokosraspel
- 2 kleine Eier
- 1 Glas säuerliche feste Marmelade oder Pflaumenmus
- 30 g Butter
- 1 EL Puderzucker

PREISELBEERKUCHEN

Von Milch, Puddingpulver und Zucker einen nur schwach gesüßten Pudding kochen. Etwas abgekühlt den Schmand unterrühren und auf einen ausgerollten Hefeteig streichen.

Preiselbeeren mit Zitronensaft und Speisestärke verrühren und einige Male aufkochen lassen. Erkaltet mit zwei Teelöffeln walnussgroße Häufchen schräg über den etwas angetrockneten Puddingbelag geben.

Aus Mehl, Zucker, Vanillezucker und zerlassener Margarine Streusel kneten und vorwiegend auf die hellen Puddingstellen krümeln. Auf unterster Schiene backen.

Den erkalteten Kuchen dünn mit Puderzucker bestäuben.

Erste Backzeit: 10 Minuten
Backhitze: 250 °C

Zweite Backzeit: 20–25 Minuten
Backhitze: 200 °C

Teig:
- Hefeteig für 1 Kuchen

Belag:
- 1 l Milch
- 2 Pck. Vanillepuddingpulver
- 3 leicht gehäufte EL Zucker
- 400 ml Schmand
- 1 ½ Gläser Preiselbeeren (600 g)
- 3 EL ausgepresster Zitronensaft
- 2 leicht gehäufte EL Speisestärke

Streusel:
- 200 g Mehl
- 100 g Zucker
- 2 Pck. Vanillezucker
- 150 g Margarine
- Puderzucker zum Bestäuben

BROMBEERKUCHEN

Den Hefeteig zubereiten und gehen lassen. Dann den Teig nicht zu dick auf die Hälfte eines Backblechs ausrollen und mehrmals mit einer Gabel einstechen.

Gut abgetropfte Brombeeren mit dem Pürierstab pürieren und durch ein Sieb streichen. Abtropfsaft mit Puddingpulver, Grieß und Zucker zu einem straffen Pudding kochen. Das Fruchtfleisch unterrühren und alles kurz aufkochen.

Die abgekühlte Fruchtmasse auf den Teig streichen.

Kokosraspel in einer trockenen Pfanne hellbraun rösten, mit Zucker und zerlassener Butter verkneten, dann das Mehl zugeben. Alles zu Streuseln verkneten. Nicht zu große Streusel über den Kuchen streuen und backen.

Backzeit: 25–30 Minuten
Backhitze: 180–200 °C

Ein aromatisch saftiger Kuchen mit knusprigen Kokosstreuseln, der sich ein paar Tage frisch hält.

Für ½ Backblech

Teig:
- ½ Menge Hefeteig oder Quarkölteig

Belag:
- ¾ Glas Brombeeren (400 g Früchte und 350 ml Saft)
- 1 Pck. Puddingpulver
- 2 EL Grieß
- 2–3 EL Zucker (nach Geschmack)

Streusel:
- 100 g Kokosraspel
- 75 g Zucker
- 75 g zerlassene Butter
- 50–75 g Mehl

APRIKOSENKUCHEN

Aprikosen gut abtropfen lassen, Saft auffangen. Aprikosenabtropfsaft, Puddingpulver und Zucker zu einem straffen Pudding kochen und löffelweise auf den ausgerollten Hefeteig streichen. Aprikosenhälften mit der Rundung nach oben darüber legen.

Eiweiß mit Zucker steif schlagen. Eigelb mit dem Schmand und Soßenpulver verrühren und den Eischnee unterheben. Über den Aprikosen verteilen. Schön braun backen.
Erkaltet mit zerlassener Butter bepinseln und dünn mit Staubzucker besieben.

Backzeit: 35–40 Minuten
Backhitze: 180–200 °C, untere Schiene

Der zarte Fruchtkuchen bleibt einige Tage frisch.

Teig:
- Hefeteig für 1 Kuchen

Belag:
- 2 große Dosen Aprikosen
- 600 ml Aprikosen-abtropfsaft
- 2 Pck. Vanillepuddingpulver
- 2 EL Zucker

Guss:
- 4 Eiweiß
- 125 g Zucker
- 4 Eigelb
- 300 g Schmand
- 1 Pck. Soßenpulver

SCHMANDKUCHEN EICHSFELDER ART

Grieß mit Zucker und Vanillezucker gemischt in die heiße Milch rühren und 1 bis 2 Minuten dick kochen. Ausquellen lassen. Mit den in Rum getränkten Rosinen vermischen und auf den ausgerollten Hefeteig streichen.

Gefrostete Johannisbeeren auftauen. Die Beeren über den Teig streuen.

Eier und Zucker mit dem Schneebesen verrühren, Soßenpulver und Schmand unterrühren. Das Gemisch über den Beeren verteilen. Den Kuchen backen, bis die Decke hell gebräunt ist.

Backzeit: 35–40 Minuten
Backhitze: 180–200 °C

Tipp: Den erkalteten Kuchen mit zerlassener abgekühlter Butter bepinseln. Das hält den Kuchen lange frisch.

Ein rustikaler Bauernkuchen. Süße Rosinen, säuerliche Beeren und eine milde Schmanddecke zeichnen den berühmten Eichsfelder Schmandkuchen aus.

Teig:
- Hefeteig für 1 Kuchen

Belag:
- 100 g Grieß
- 100 g Zucker
- 2 Pck. Vanillezucker
- 750 ml Milch
- 200 g Rosinen
- 4 EL Rum
- 500 g Johannisbeeren (frisch oder gefrostet)

Decke:
- 2 Eier
- 3 EL Zucker
- 1 Pck. Soßenpulver
- 800 g Schmand

STACHELBEERKUCHEN

Aus Wasser, Zucker, Zitronensaft und Grützepulver eine straffe Grütze kochen und auf einen ausgerollten Hefeteig streichen. Stachelbeeren nicht zu dicht darüber verteilen. (Wenn man die Beeren in die Grütze drückt, entstehen „Wellen".)

Aus Milch und beiden Puddingpulvern einen Pudding kochen. Öl, Vanillezucker und Schmand in die heiße Masse rühren. Abkühlen lassen, ziemlich erkaltet die Eigelb hineingeben. Soßenpulver und Backpulver vermengt mit dem Schneebesen gründlich unterrühren. Das mit Zucker steif geschlagene Eiweiß unterheben und alles über den Beeren verteilen. Backen, bis die Oberfläche zart gebräunt ist.

Den erkalteten Kuchen mit zerlassener Butter bepinseln und mit Staubzucker besieben.

Backzeit: 35–40 Minuten
Backhitze: 180 °C, untere Schiene

Teig:
- Hefeteig für 1 Kuchen

Belag:
- ½ l Wasser
- 6 EL Zucker
- 2 EL Zitronensaft
- 2 Pck. Grüne Grütze
- 500 g Stachelbeeren (frisch oder gefrostet)

Guss:
- ½ l Milch
- 2 Pck. Vanillepuddingpulver
- 4 EL Öl
- 2 Pck. Vanillezucker
- 300 g Schmand
- 4 kleine Eier
- 1 Pck. Soßenpulver
- 1 TL Backpulver
- 150 g Zucker
- 1 TL abgeriebene Schale von 1 unbehandelten Zitrone
- ¼ Flasche Bittermandelöl

Locker-leichter Kuchen, der außerdem noch interessant gewellt ist.

STREUSELKUCHEN MIT PUDDING

Aus Milch, Pudding- und Soßenpulver mit wenig Zucker einen Pudding kochen und auf den ausgerollten Hefeteig streichen.

Zerlassene Butter mit Zucker, Vanillezucker und Mehl zu nicht zu großen Streuseln kneten und die Puddingschicht damit abdichten.

Kuvertüre und Hartfett im Wasserbad schmelzen. Die ziemlich flüssige Glasur mit einem Pinsel auf dem lauwarmen Kuchen verteilen. Die feine Glasur verhindert ein Aufweichen der Streusel.

Backzeit: 30–35 Minuten
Backhitze: 180 °C

Saftig-knuspriger Kuchen, der an den ersten beiden Tagen am besten schmeckt.

Teig:
- Hefeteig für 1 Kuchen

Belag:
- 1,7 l Milch
- 3 Pck. Vanillepuddingpulver
- 1 Pck. Soßenpulver
- 3 EL Zucker

Streusel:
- 200 g Butter
- 150 g Zucker
- 2 Pck. Vanillezucker
- 300 g Mehl

Glasur:
- 150 g Bitterkuvertüre
- 30 g Hartfett

BUTTERKUCHEN

Mehl, Dinkelmehl und Trockenhefe in einer Schüssel vermischen, eine Mulde eindrücken. Zucker, Öl und Milch in einem Töpfchen etwas erwärmen und in die Mehlmulde geben, mit dem Ei verrühren. Alles zu einem lockeren Teig verkneten. 30 Minuten zugedeckt ruhen lassen.

Nun zusammenkneten, ausrollen und in eine Springform (26 cm Ø) oder auf ein halbes Backblech geben und nochmals gehen lassen, bis der Teig schön locker ist. Mit der Gabel mehrfach einstechen.

Butter zerlassen und abkühlen lassen. Mit Zucker, Vanillezucker und Milch vermischen und die Hälfte auf den Kuchen streichen. Mandelblättchen darüber streuen und den Butterrest darüber verteilen. Backen.

Backzeit: 35–40 Minuten
Backhitze: 180 °C

Diesen Kuchen lieben die Männer! Noch heiß mit heißer Milch (ca. 50 bis 75 ml) bepinseln, dann wird er richtig saftig.

Teig mit Trockenhefe:
- 100 g Mehl
- 125 g Dinkelmehl
- ¾ Pck. Trockenhefe
- 2 EL Zucker
- 75 ml Öl
- 50 ml Milch
- 1 Ei

Belag:
- 125 g Butter
- 100 g Zucker
- 1 Pck. Vanillezucker
- 50 ml Milch
- 100 g Mandelblättchen

FLIEGENSTICHKUCHEN OBERLÄNDER ART

Hefeteig wie gewohnt zubereiten und gehen lassen. Dann sehr dünn auf einem Backblech ausrollen.

Mandeln, Zucker, Grieß und Raspelschokolade vermischen und auf dem Hefeteig verteilen. Die zerlassene Butter darüberträufeln. Backen.

Auf den noch heißen Kuchen die Sahne löffelweise verteilen.

Backzeit: 30 Minuten
Backhitze: 170–180 °C

Teig:
- Hefeteig für 1 Kuchen

Belag:
- 250 g gemahlene Mandeln oder Nüsse
- 200 g Zucker
- 1 EL Grieß
- 100 g Raspelschokolade
- 200 g Butter
- 150–200 g Sahne

MOHN-PFLAUMENMUS-STREUSELKUCHEN

Den ausgerollten Hefeteig mit der Gabel einstechen und mit dem Pflaumenmus bestreichen.

Mohn, Grieß, Puddingpulver und Zucker in die heiße Milch rieseln lassen und einige Male aufkochen. Margarine, Zitronensaft und Zitronenschale sowie ein Ei zugeben. Lauwarm über dem Pflaumenmus verteilen.

Mehl, Zucker und Margarine zu ganz kleinen Streuseln kneten und als dicke Decke drüber reiben.

Den erkalteten Kuchen ganz dünn mit der zerlassenen Schokolade bepinseln.

Backzeit: 25–30 Minuten
Backhitze: 200 °C

Ein saftig-würziger und knackiger Kirmeskuchen, der lange haltbar ist.

Teig:
- Hefeteig für 1 Kuchen

Belag:
- 350 g Pflaumenmus
- 250 g gemahlener Mohn
- 2 EL Grieß
- 1 Pck. Puddingpulver Vanillegeschmack
- 50 g Zucker
- 700 ml Milch
- 50 g Margarine
- Saft und Schale von 1 unbehandelten Zitrone
- 1 Ei

Streusel:
- 350 g Mehl
- 200 g Zucker
- 200 g Margarine
- 75–100 g Bitterschokolade

KARTOFFELKUCHEN THÜRINGER ART

Die gekochten, geriebenen oder durch die Presse gedrückten Kartoffeln mit 300 g Mehl, Salz, Zucker und der in lauwarmer Milch aufgelösten Hefe etwas verkneten. Nun die Eier, die flüssige Butter (oder Margarine), Zitronenschale und Rosinen oder Korinthen unterkneten. Dafür den Rest des Mehls zu Hilfe nehmen, denn der Kartoffelteig ist leicht klebrig.

Sofort auf dem Backblech ausrollen und 30 Minuten gehen lassen. Das wird ein weicher, lockerer Teig. Für eine Springform (Ø 26 cm) benötigt man die halbe Teigmenge.

Den Teig vor dem Backen mit zerlassener Butter bepinseln und mit Zimtzucker bestreuen.

Erkaltet noch einmal mit zerlassener Butter bepinseln und mit Zimtzucker bestreuen.

Backzeit: 25 Minuten
Backhitze: 170 °C

Teig:

- 500 g Kartoffeln
- 400 g Mehl
- 3 EL Zucker
- 1 Prise Salz
- ¼ l lauwarme Milch
- 1 Würfel Hefe
- 2 Eier
- 50 g Butter
- abgeriebene Schale von 1 unbehandelten Zitrone
- 100 g Rosinen oder Korinthen

Zum Verfeinern:

- ca. 150 g Butter
- Zimt-Zucker-Mischung

Der altmodische Thüringer Kartoffelkuchen kommt wahrscheinlich nie aus der Mode. Er schmeckt frisch am besten, kann aber auch am zweiten Tag aufgebacken werden. Kann schnell von übrig gebliebenen Kartoffeln zubereitet und gleich verzehrt werden. Kein Festtagskuchen, aber zu einem gemütlichen Kaffeetrinken passt er immer.

Damit es gelingt, zum Backen immer frische Zutaten verwenden

RUSTIKALE BLECHKUCHEN AUS BACKPULVERTEIG

DOMINOKUCHEN

Mehl in eine Schüssel sieben. Margarineflöckchen, Zucker, Kakao, Gewürze und Backpulver zugeben. Ei und Wasser hinzufügen und alles zu einem Teig verkneten. Den Teig 30 Minuten im Kühlschrank ruhen lassen, auf bemehlter Unterlage ausrollen und auf das gefettete Backblech legen.

Für den Belag Butter, Zucker und Eier kräftig miteinander verrühren, den Quark und die übrigen Zutaten hinzufügen und weiterrühren. Die Masse gleichmäßig auf dem dunklen Teig verteilen.

Beginnend mit Eiern, Zucker und Öl den oberen Teig rühren, Bittermandelöl, das gesiebte Mehl sowie das Backpulver zufügen. Alles mit dem Schneebesen schlagen und auf die Quarkmasse geben. Bei guter Mittelhitze backen und erkaltet mit einem Schokoguss überziehen.

Dafür Zucker, Vanillezucker und Ei gut verrühren, den gesiebten Kakao und den Rum zufügen, weiterrühren. Kokosfett erhitzen, bis es flüssig ist, wieder abkühlen lassen und löffelweise zugeben. Rühren. Möglichst gleichmäßig verteilen.

Backzeit: 30 Minuten
Backhitze: 180 °C

Dieser Kuchen sieht sehr schön aus. Er schmeckt frisch am besten.

unterer Teig (Mürbeteig):
- 250 g Mehl
- 100 g Margarine
- 100 g Zucker
- 1 Prise Salz
- 2 EL Kakao
- ½ Pck. Backpulver
- 1 Ei
- 2–3 EL lauwarmes Wasser

Belag:
- 100 g Butter
- 150 g Zucker
- 2 Eier
- 750 g Quark
- 1 Pck. Vanillezucker
- 2 EL Zitronensaft
- 3 EL gekochter, abgekühlter Vanillepudding
- 1 EL Puddingpulver Vanillegeschmack

oberer Teig:
- 3 Eier
- 175 g Zucker
- 175 ml Speiseöl
- 1 Spritzer Bittermandelöl
- 150 g Mehl
- 1 TL Backpulver

Schokoguss:
- 3 EL Zucker
- 1 Pck. Vanillezucker
- 1 Ei
- 2–3 EL Kakao
- 1–2 EL Rum
- 125 g Kokosfett

ALTENBURGER MANDARINENKUCHEN

Eier mit Zucker schaumig schlagen. Mehl mit Backpulver und Schmand abwechselnd unterschlagen.

Teig auf ein gut gefettetes Backblech streichen. Gut abgetropfte Mandarinen darauf verteilen, mit Zucker vermischte Mandelblättchen darüber streuen, dann backen.

Die Butter zerlassen und auf den noch heißen Kuchen pinseln.

Backzeit: 20–25 Minuten / Backhitze: 180–200 °C

Ein schneller, saftiger Sonntagskuchen.

- 4 Eier
- 250 g Zucker
- 350 g Mehl
- 300 g Schmand
- knapp 1 Pck. Backpulver
- 4 kleine Dosen Mandarinen
- 100 g Zucker
- 100 g Mandelblättchen
- 125 g zerlassene Butter

MOOSKUCHEN

Margarine mit Zucker und Eigelb cremig rühren, Sahne, das Mehl (mit Backpulver gesiebt) und den Kakao zugeben und gut durchschlagen. Auf ein gefettetes Blech streichen und backen.

Für den Belag den Puderzucker zum Eiweiß geben und alles ca. 10 Minuten mit dem Handrührgerät auf mittlerer Stufe verrühren. Zerlassenes kaltes Hartfett nach und nach unterschlagen. Den Belag auf den kalten Boden streichen. Kaffeepulver hauchdünn durch ein Metallsieb darüberstäuben.
Über Nacht färbt sich der Belag so grün wie das Moos in den Thüringer Wäldern.

Backzeit: 20 Minuten / Backhitze: 180–200 °C

Ein altbekannter Thüringer Festtagskuchen, der sich nur dann grün verfärbt, wenn ein Metallsieb verwendet wird.

Teig:
- 250 g Margarine
- 250 g Zucker
- 6 Eigelb
- 200 ml saure Sahne
- 275 g Mehl
- 1 TL Backpulver oder Natron
- 50 g Kakao

Belag:
- 100 g Puderzucker
- 6 Eiweiß
- 125 g Hartfett
- 1–2 TL Kaffeepulver

VERSUNKENER NUSSKUCHEN

Zucker und Eier dickcremig schlagen. Nun die anderen Zutaten unterschlagen und auf ein gefettetes Backblech streichen.

Für den Belag Margarine, Zucker und Milch erhitzen, Nüsse unterrühren, Rum zugeben. Mit dem Teelöffel kleine Häufchen auf den Kuchenboden setzen. Backen.

Backzeit: 20–25 Minuten
Backhitze: 200 °C

Teig:
- 200 g Zucker
- 3 Eier
- 200 g Margarine
- 250 g Mehl
- 1 Pck. Vanillepuddingpulver
- 200 g saure Sahne
- 1 Pck. Backpulver

Belag:
- 175 g Margarine
- 175 g Zucker
- 4 EL Milch
- 300 g gemahlene Nüsse
- 2 EL Rum

MAULWURFSKUCHEN

Margarine mit Zucker cremig schlagen. Eier nach und nach unterschlagen, bis eine cremige Masse entsteht. Nun das mit dem Backpulver gesiebte Mehl und die Zitronenschale allmählich (nicht zu lange) unterschlagen. Auf ein gefettetes Blech streichen.

Aus den Streuselzutaten dicke runde Streusel formen und auf den Kuchen streuen. Sie versinken wie die Maulwürfe unter der Erde.

Backzeit: ca. 20 Minuten
Backhitze: ca. 200 °C

Damit der Kuchen nicht austrocknet, sollte man ihn mit zerlassener, abgekühlter Butter (auf kaltem Kuchen) bepinseln. Später mit Staubzucker besieben.

Teig:
- 200 g Margarine
- 200 g Zucker
- 3–4 Eier
- 1–2 TL abgeriebene Schale von 1 unbehandelten Zitrone
- 200 g Mehl
- 1 TL Backpulver

Streusel:
- 150 g Mehl
- 1–2 EL Kakao
- 100 g Zucker
- 125 g Butter
- 1 Prise Backpulver
- 1 Pck. Vanillezucker

FLAMINGOKUCHEN

Margarine, Zucker, Salz, Ei, Milch und den größten Teil des Mehles verrühren, den Rest Mehl mit Backpulver vermischt unterkneten. Auf einem gefetteten Blech ausrollen.

Margarine und Zucker zerlassen und die Mandeln unterrühren. Abkühlen, die Eier zugeben. Belag auf den Teig streichen und backen.

Für die Creme aus Milch, Pudding und Zucker einen Pudding kochen und die in Rum aufgelöste Gelatine unterrühren. Sahne mit Sahnesteif und Staubzucker ganz steif schlagen und unter den kalten Pudding ziehen. Auf den erkalteten Kuchen streichen.

Eier mit Wasser und Zucker dickcremig schlagen, und das Mehl mit Pudding- und Backpulver gemischt unterheben. Diesen rosa Biskuitteig auf Papier backen. Backpapier abziehen und erkaltet auf die weiße Cremedecke legen. Dünn mit Staubzucker besieben.

Backzeit: 15–20 Minuten
Backhitze: 180–200 ° C, untere Schiene

Rosa Biskuitteig:
Backzeit: 10–15 Minuten
Backhitze: 180 °C

Der Kuchenboden und die rosa Decke können schon ein paar Tage vorher gebacken werden, auch die Creme ist wie Buttercreme einige Tage kühl gestellt haltbar. Wird unter die Mandelmasse 1 EL Kakao gerührt, ergibt das einen anderen Kontrast.

Teig:
- 125 g Margarine
- 75 g Zucker
- 1 Ei
- 1–2 EL Milch
- 275–300 g Mehl
- 1 TL Backpulver
- 1 Prise Salz

Belag:
- 125 g Margarine
- 125 g Zucker
- 150 g gemahlene Mandeln
- 2 Eier

Creme:
- ½ l Milch
- 1 ½ Pck. Vanillepuddingpulver
- 1 ¼ Pck. Gelatine
- 4 EL Rum
- 2 EL Zucker
- 400 g Schlagsahne
- 1 EL Staubzucker
- 1 Pck. Sahnesteif

Rosa Decke:
- 2 Eier
- 100 g Zucker
- 2 EL warmes Wasser
- 2 Pck. Himbeer-Puddingpulver
- 2 gestr. EL Mehl
- 1 leicht geh. TL Backpulver

KRAWALLKUCHEN

Eier, Zucker und abgeriebene Zitronenschale verrühren, schaumig schlagen. Mehl, Speisestärke und Backpulver vorsichtig mit dem Schneebesen unterziehen. Zum Schluss die zerlassene, abgekühlte Margarine zufügen.

Ein Backblech mit Backpapier belegen, an der offenen Seite einen hohen Rand falten. Teig aufstreichen. Goldbraun backen. Noch heiß stürzen, das Papier abziehen. Abkühlen lassen.

Folgende Creme auf die Unterseite streichen: Butter und Puderzucker cremig rühren, Kakao zufügen, das zerlassene, abgekühlte Kokosfett und den Rum unterrühren. Die Masse soll dickflüssig sein. Vollmilchschokolade zerbrechen und in winzige Bröckchen schneiden, Nüsse zerkleinern, Kekse zerbröckeln (nicht zu fein!) und alles mit der Creme vermischen. Die Masse auftragen und fest werden lassen.

Backzeit: 5–8 Minuten
Backhitze: 250 °C

Ein knackiger Kuchengenuss – der Name ist durchaus treffend!

Teig:
- 4 Eier
- 160 g Zucker
- abgeriebene Schale von ½ unbehandelten Zitrone
- 80 g Mehl
- 80 g Speisestärke
- 1 gestrichener TL Backpulver
- 70 g Margarine

Belag:
- 200 g Butter
- 50 g Puderzucker
- 2 EL Kakao
- 50 g Kokosfett
- 4 EL Rum oder Weinbrand
- 200 g Vollmilchschokolade
- 20 Walnusskerne
- 100 g Tortenkekse

PRINZESSKUCHEN

Eier, Zucker und Margarine verrühren. Mehl mit Backpulver unterkneten. Den Teig auf einem gefetteten Blech ausrollen.

Weiche Margarine, Zucker, Speisestärke und Quark verrühren und die Eier unterrühren. Auf den Teig streichen und die sehr gut abgetropften Aprikosenhälften mit der Rundung nach unten in den Quarkbelag setzen und backen.

Aus 400 ml Aprikosenabtropfsaft, Zucker nach Geschmack und Götterspeisepulver eine Götterspeise herstellen und kurz vor dem Gelieren über den abgekühlten Kuchen streichen.

Aus Milch, Puddingpulver und Zucker einen Pudding kochen und das Hartfett hineinrühren. Erkaltet zu der schaumig geschlagenen Butter/Margarine geben. Die Creme auf die Götterspeise streichen und mit Kamm darüber fahren.

Schokolade mit Öl zerlassen und mit einem Teelöffel dünne Schokolinien über den Kuchen ziehen.

Backzeit: 25–30 Minuten
Backhitze: 180–200 °C

Dieser Kuchen ist etwas Besonderes. Er kann auch in größeren Stücken als Schnitten serviert werden.

Teig:
- 2 Eier
- 100 g Zucker
- 100 g Margarine
- 300–325 g Mehl
- 1 TL Backpulver

Belag:
- 50 g Margarine
- 75 g Zucker
- 1 geh. TL Speisestärke
- 400 g Magerquark
- 2 Eier
- 2 große Dosen Aprikosen
- 400 ml Aprikosenabtropfsaft
- 1 Pck. rote Götterspeise
- etwas Zucker

Vanillecreme:
- 400 ml Milch
- 1 ½ Pck. Puddingpulver Vanillegeschmack
- 3 geh. EL Zucker
- 25 g Hartfett
- 100 g Butter
- 50 g Margarine
- 75 g bittere Schokolade
- 1 EL Öl

SCHOKO-MINT-KUCHEN (HEXENKUCHEN)

Margarine, gesiebten Puderzucker und Eier cremig rühren. Vanillezucker, Mehl, Speisestärke und Backpulver dazugeben. Alles kräftig zu einem Teig schlagen.

Den Teig teilen. Eine Hälfte mit dem Kakao dunkel färben.

Ein Backblech mit Backpapier auslegen, an der offenen Seite einen hohen Rand falten. Zuerst den dunklen Teig ganz glatt aufstreichen. Löffelweise vorsichtig die helle Teigmasse darübergeben. Die beiden Teigschichten sollen möglichst nicht miteinander vermischt werden. Backen. Heiß stürzen, das Papier abziehen.

Für die Mint-Creme von dem Wasser eine Tasse voll wegnehmen, darin den Vanillepudding und das Götterspeisepulver zusammen anrühren. Den Rest Wasser mit dem Zucker zum Kochen bringen, die angerührte Masse hineingießen und kurz aufwallen lassen. Sofort vom Herd nehmen. Butter und Kokosfett unter die heiße Masse schlagen. Pfefferminzlikör zugeben. Mit gesiebtem Puderzucker abschmecken. Die Mint-Creme auf die dunkle Unterseite des Kuchens streichen.

Backzeit: 20 Minuten
Backhitze: 200 °C

Der Kuchen wird stets in Gesellschaft mit anderen angeboten, weil er für einen augenfälligen Kontrast sorgt.

Teig:
- 200 g Margarine
- 200 g Puderzucker
- 4 Eier
- 1 Pck. Vanillezucker
- 125 g Mehl
- 125 g Speisestärke
- ½ Pck. Backpulver
- 2 EL Kakao

Mint-Creme:
- 500 ml Wasser
- 4 EL Zucker
- 1 Pck. Vanillepuddingpulver
- 1 grüne Götterspeise
- 100 g Butter
- 100 g Kokosfett
- 125 ml Pfefferminzlikör
- Puderzucker zum Abschmecken

JOHANNISBEERKUCHEN „WILDETAUBE"

Margarine, Zucker, Eier, Rum und Kakao kurz verrühren, mit Mehl und Backpulver zu einem ziemlich festen Teig kneten und gleich auf der Tischplatte etwas ausrollen, dann auf ein gut gefettetes Blech heben und weiter ausrollen.

Quark mit Speisestärke, Vanillezucker, Zucker, Salz, der zerlassenen Margarine, Sahne und den Eiern schön cremig schlagen. Den ohne Zucker gekochten Pudding abgekühlt kurz unterschlagen und alles auf die dunkle Teigplatte streichen. Glattstreichen, die gut abgetropften Johannisbeeren darauf verteilen und backen.

Götterspeise nach Vorschrift zubereiten und kurz vor Gelierbeginn auf den erkalteten Kuchen geben.

Backzeit: 35–40 Minuten
Backhitze: 180–200 °C, untere Schiene

Ein erfrischender Kuchen, der auch sehr schön aussieht. Seinen Namen trägt er nach dem gleichnamigen Ort bei Greiz.

Teig:
- 125 g Margarine
- 100 g Zucker
- 2 kleine Eier
- 2 EL Rum
- 2 EL Kakao
- 300–325 g Mehl
- 2 gestr. TL Backpulver
- 1 Prise Salz

Belag:
- 750 g Magerquark
- 1 geh. TL Speisestärke
- 4 Pck. Vanillezucker
- 150 g Zucker
- ¼ TL Salz
- 100 g Margarine
- 200 g Schlagsahne
- 2 Eier
- 1 Pck. Vanillepuddingpulver
- ½ l Milch
- 800 g frische oder gefrostete Johannisbeeren

Guss:
- 1 Pck. Himbeergötterspeise
- 4 EL Zucker
- ½ l Johannisbeersaft mit Wasser

ERDBEERROLLE

Teig:
- 2 Eier, trennen
- 50 g Zucker
- 50 g Mehl
- 20 g Speisestärke
- 1 gestrichener TL Backpulver

Füllung:
- 300 g Erdbeeren (frisch oder TK)
- 2 EL Zitronensaft
- 3 gehäufte EL Zucker
- 75 ml Wasser
- 1 Pck. Erdbeerpuddingpulver
- 100 g Butter
- 1 gehäufter EL Staubzucker
- 25 g Hartfett

Eiweiß mit Zucker steif schlagen. Eigelb unterheben. Mehl, Speisestärke und Backpulver ebenfalls langsam unterheben.

Gefettetes Backpapier auf ein Backblech legen und dieses als Rand bis zu ¾ des Backbleches umknicken. Teig so aufstreichen, dass das Blech nur zu drei Vierteln bedeckt ist. Backen.

Danach das Papier sofort abziehen und die helle Teigplatte von der Längsseite her zusammenrollen und beiseite stellen.

Die Erdbeeren zerschneiden, in Zucker und Zitronensaft über Nacht stehen lassen. Danach kochen und den mit Wasser angerührten Pudding einrühren und alles dick kochen. Butter mit Staubzucker cremig schlagen und die handwarme Erdbeermasse löffelweise unterschlagen. Heißes Hartfett flott unterschlagen.

Die Teigrolle aufwickeln und die Creme auftragen. Wieder zusammenrollen und in den Kühlschrank stellen. Vor dem Verzehr mit Staubzucker bestäuben.

Backzeit: 6–7 Minuten
Backhitze: 250 °C

Ein erfrischendes Gebäck, das kühl gestellt lange frisch bleibt.

Tipp: Statt der Cremefüllung Sahne steif schlagen, mit Erdbeerstückchen vermischen und die Teigrolle damit füllen (siehe Abbildung). Mit dieser Füllung muss die Rolle aber sofort verzehrt werden.

MEPHISTOKUCHEN

Eigelb, Zucker, Margarine und Milch verrühren. Mehl mit Backpulver unterrühren bzw. verkneten und den Teig auf ein gefettetes Blech ausrollen.

Aus Milch, Zucker und Puddingpulver einen Pudding kochen und die zerbröckelte Schokolade mit der Butter in den heißen Pudding geben. Mandeln und Schlagsahne unterrühren. Geschlagenes Eiweiß unterheben und auf den ausgerollten Teig streichen.

Aus Mehl, Zucker und zerlassener Margarine Streusel kneten und darüber streuen. Backen.

Staubzucker, Zitronensaft und evtl. heißes Wasser miteinander verrühren und zart grün färben. Mit einem Teelöffel den Guss über die Streusel ziehen. Es soll nicht der ganze Kuchen bedeckt sein.

Backzeit: 20–25 Minuten
Backhitze: gute Unterhitze, 200 °C

Ein rustikaler, lange haltbarer Kuchen, der auch interessant aussieht.

Teig:
- 4 Eigelb
- 100 g Zucker
- 100 g Margarine
- 4 EL Milch
- 300–325 g Mehl
- 2 leicht gehäufte TL Backpulver

Belag:
- ½ l Milch
- 2 EL Zucker
- 1 Pck. Schokopuddingpulver
- 200 g Bitterschokolade
- 150 g Butter
- 150 ml Schlagsahne
- 150 g gemahlene Mandeln
- 4 Eiweiß

Streusel:
- 225 g Mehl
- 100 g Zucker
- 150 g Margarine

zum Verzieren:
- 100 g Staubzucker
- 2 EL Zitronensaft
- 1 EL heißes Wasser
- 1–2 Tropfen grüne Kuchenfarbe

AMEISENKUCHEN

Eier, Zucker und weiche Margarine gut verrühren, abwechselnd Mehl mit Backpulver vermischt und saure Sahne zugeben. Schokostreusel unterrühren und backen.

Erkaltet mit einem Schokoladenguss überziehen. Dafür Ei, Zucker und Vanille cremig rühren, Kakao zugeben, unterrühren und das warme Hartfett nach und nach unterrühren, mit Weinbrand schön glatt rühren.

Backzeit: 10–15 Minuten
Backhitze: 200 °C

Ein sehr bekannter, schneller und saftiger Kuchen, der nicht so rasch austrocknet und von dem besonders Kinder begeistert sind (dann aber ohne Weinbrand).

Teig:

- 4 Eier
- 250 g Zucker
- 250 g Margarine
- 250 g Mehl
- ¾ Pck. Backpulver
- 100 ml saure Sahne
- 100 g Schokostreusel

Schokoladenguss:

- 1 Ei
- 3 gehäufte EL Zucker
- 1 Pck. Vanillezucker
- 2 EL Kakao
- 125 g Hartfett
- 1–2 EL Weinbrand

BISKUITROLLE

Teig:
- 4 Eier
- 100 g Zucker
- 100 g Mehl
- 1 TL Backpulver
- 25 g Speisestärke

Belag:
- 1 Glas rote Marmelade
- 1 EL Puderzucker

Eier und Zucker auf warmer Herdplatte 2 bis 3 Minuten schaumig schlagen, vom Herd nehmen und 3 bis 4 Minuten kalt weiter schlagen, bis eine cremeartige Masse entsteht. Mehl, Backpulver und Speisestärke am besten in zwei Etappen darüber sieben und mit dem Schneebesen vorsichtig unterheben. Auf das Blech mit gefettetem Pergamentpapier streichen und backen, nicht zu lange, wenn die Ränder braun werden, bricht die Teigplatte.

Nach dem Backen die Teigplatte auf ein leicht bemehltes Backbrett kippen, das Papier mit kaltem Wasser bestreichen und sofort abziehen.

Die vorher glatt gerührte Marmelade schnell aufstreichen, die Platte zusammenrollen und mit Puderzucker bestäuben.

Backzeit: 8–12 Minuten
Hitze: 225–250 °C

Die Biskuitrolle war früher ein Festtagsgebäck. Das Geheimnis ihrer Zubereitung liegt eigentlich nur in der Schnelligkeit: schnell backen und schnell aufrollen.

ANANASKUCHEN

Weiche Margarine mit Staubzucker dickcremig schlagen. Eier nach und nach unterschlagen. Mehl, Speisestärke, Backpulver und Zitronenschale unterrühren. Auf das gefettete Backblech aufstreichen und backen.

Aus Milch, Zucker, Vanillezucker und Puddingpulver einen Pudding kochen. Butter und Margarine cremig schlagen und den handwarmen Pudding unterschlagen. Den Mohn unterrühren. Die erkaltete Teigplatte umdrehen und die Marmelade nicht zu dünn auf den glatten Boden streichen. Puddingcreme darüber verteilen.

In 100 ml erwärmtem Ananassaft und Zitronensaft die nach Packungsanleitung vorbereitete Gelatine auflösen und mit dem restlichen Saft gründlich verrühren.
Die Ananaswürfel ganz klein schneiden und mit dem Saft vermischen. Bei Gelierbeginn alles auf die bereits fest gewordene Creme streichen.

Backzeit: 15–20 Minuten
Backhitze: 180 °C

Ein aromatisch zarter Fruchtkuchen.

Teig:
- 100 g Margarine
- 100 g Staubzucker
- 2 Eier
- 75 g Mehl
- 50 g Speisestärke
- 1 TL Backpulver
- evtl. abgeriebene Schale von 1 unbehandelten Zitrone

Belag:
- 300 ml Milch
- 1 Pck. Vanillezucker
- 1 EL Zucker
- 1 Pck. Vanillepuddingpulver
- 50 g Butter
- 75 g feste Würfelmargarine
- 2 EL ungemahlener Mohn
- 3–4 EL dicke rote Marmelade
- ca. 200 g Ananaswürfel
- 200 ml Ananas-Abtropfsaft
- 1 EL Zitronensaft
- 1 Pck. Gelatine

FRISCHKÄSEKUCHEN MIT PFLAUMENGUSS

Zucker mit Margarine und Ei verrühren, Mehl mit Backpulver gemischt unterrühren bzw. unterkneten. Den Teig auf die Hälfte eines Backblechs oder die Größe einer 26 cm Ø Springform ausrollen. Einen kleinen Rand andrücken.

Frischkäse mit Eiern und Vanillezucker verrühren, Sahne unterrühren. Aus Milch und Soßenpulver einen Pudding kochen und mit der Frischkäsemasse vermischen. Mit Zucker und etwas Zitrone abschmecken. Auf den Backpulverteig aufstreichen und backen.

Die Pflaumen klein schneiden und pürieren. Tortenguss mit etwas Zucker vermischen und mit dem Saft verquirlen. Alles in die heiße Pflaumenmasse rühren und unter Rühren alles dickkochen. Pflaumenguss auf den inzwischen erkalteten Kuchen streichen.

Backzeit: 20–25 Minuten
Backhitze: 180 °C

Für ½ Backblech oder 1 Springform 26 cm Ø

Teig:
- 75 g Zucker
- 75 g Margarine
- 1 Ei
- 150–175 g Mehl
- ½ TL Backpulver

Belag:
- 200 g Frischkäse
- 2 Eier
- 1 Pck. Vanillezucker
- 100 ml Sahne
- 250 ml Milch
- 1 Pck. Vanillesoßenpulver
- 75 g Zucker
- Schale und Saft von 1 unbehandelten Zitrone

Pflaumenguss:
- 1 Glas eingeweckte oder ca. 750 g frische Pflaumen
- 3 Pck. roter Tortenguss
- Zucker
- 75 ml roter Saft oder Wasser

Mit heller Decke Zitronen-Orangen-Kuchen, mit dunkler Decke Frischkäsekuchen mit Pflaumenguss

ZITRONEN-ORANGEN-KUCHEN

Teig:
- 75 g Zucker
- 100 g Butter
- 1 Ei
- 1 TL abgeriebene unbehandelte Zitronenschale
- 200 g Mehl
- ¼ TL Backpulver

Belag:
- 1 Eigelb, 3 Eier
- 2 geh. EL Zucker
- 1 TL abgeriebene Zitronenschale
- 200 g Schmand
- 100 ml Orangensaft
- 100 ml gepresster Zitronensaft
- 1 Pck. Vanillesoßenpulver

Glasur:
- 250 ml Orangensaft
- 1–2 EL Zucker
- ½ Pck. Zitronengötterspeise

Zucker und weiche Butter verrühren. Ei, Zitronenschale und Mehl mit Backpulver zugeben und alles verkneten. 30 Minuten kühl stellen. Auf dem gefetteten Blech ausrollen und mit der Gabel mehrmals einstechen. Vorbacken.

Eigelb, Eier, Zucker und Zitronenschale gut verrühren, nicht schlagen. Schmand, Orangen- und Zitronensaft mit Soßenpulver vermischen und alles unter die Eiermasse rühren. Auf den vorgebackenen Kuchen gießen. Backen.

Aus Orangensaft, Zucker und Götterspeisepulver eine Götterspeise herstellen und leicht gelierend löffelweise über den erkalteten Kuchen verteilen.

Erste Backzeit: 15 Minuten
Backhitze: 180 °C

Zweite Backzeit: 20–25 Minuten
Backhitze: 180 °C

Erst am zweiten Tag anschneiden, wenn eine gewisse Festigkeit erreicht ist. Ein erfrischend zarter Belag auf einem feinen Knusperteig.

MAGDALENENKUCHEN

Margarine und Puderzucker schaumig rühren, Eier zufügen, weiterrühren, bis die Masse cremig ist. Mehl, Speisestärke und Backpulver darübersieben und unterziehen.

Ein Backblech mit Backpapier auslegen, an der offenen Seite einen hohen Rand falten. Den Teig aufstreichen, 10 bis 15 Minuten bei starker Hitze backen. Heiß stürzen, das Papier abziehen. Auskühlen lassen.

Auf die Teigunterseite eine dünne Schicht Johannisbeermarmelade streichen.

Rohmarzipan auf Puderzucker ausrollen und als dünne Schicht darauflegen. Darüber Buttercreme streichen.

Dafür die weiche Butter und den Puderzucker verrühren, 2 Eigelb, Vanillezucker und 3 EL Pudding hinzufügen, gut schlagen. Den Kuchen in kühlem Raum ruhen lassen, damit die Creme fest wird. Dünn mit einem Schokoladenguss überziehen.

Dafür die Schokolade im Wasserbad schmelzen, das zerlassene Kokosfett und das Öl zugeben. Gut verrühren.

Backzeit: 10 Minuten
Backhitze: 200–220° C

In Thüringen wird der Kuchen gelegentlich auch ohne die Marzipanschicht zubereitet. Das entspricht zwar nicht dem Originalrezept, schmeckt aber auch gut. Magdalenenkuchen ist ein sehr zartes, wohlschmeckendes Gebäck.

Teig:
- 200 g Margarine
- 200 g Puderzucker
- 4 Eier
- 125 g Mehl
- 125 g Speisestärke
- 1 TL Backpulver

Belag:
- 1 Glas Johannisbeermarmelade
- 200 g Rohmarzipan

Buttercreme:
- 200 g Butter
- 75 g Puderzucker
- 2 Eigelb
- 1 Pck. Vanillezucker
- 2 EL Pudding (aus 200 ml Milch, 1 Pck. Soßenpulver Vanillegeschmack)

Schokoladenguss:
- 150 g bittere Schokolade
- 50 g Kokosfett
- 1 TL Öl

OMAS „GEFÜLLTER“

Margarine, Zucker und Eier verrühren, Salz und das mit dem Backpulver vermischte Mehl zugeben. Zuerst rühren, dann alles zu einem Teig verkneten. Den Teig teilen und auf einer bemehlten Unterlage zwei dünne Böden ausrollen. Auf zwei gut gefettete Backbleche legen. Nacheinander schön goldbraun backen.

Nach Vorschrift den Vanille- oder Mandelpudding kochen und die Butter in den heißen Pudding rühren.

Sofort auf einen der gebackenen, abgekühlten Böden streichen, den zweiten daraufsetzen und mit einem Schokoguss überziehen.

Dafür Zucker, Vanillezucker und Ei gut verrühren, den gesiebten Kakao und den Rum zufügen, weiterrühren. Kokosfett erhitzen, bis es flüssig ist, wieder abkühlen lassen und löffelweise zugeben. Rühren. Den Kuchen möglichst gleichmäßig bestreichen.

Backzeit: 8–10 Minuten
Backhitze: 200 °C

Ein altes, gutes Rezept! Leichter, wohlschmeckender und schnell zubereiteter Sonntagskuchen, besonders für Kinder geeignet.

Teig:
- 200 g Margarine
- 200 g Zucker
- 3 Eier
- 1 Prise Salz
- 1 Pck. Backpulver
- 500 g Mehl

Füllung:
- 2 Pck. Puddingpulver Vanille- oder Mandelgeschmack
- 1 l Milch
- 4 EL Zucker
- 50 g Butter

Schokoguss:
- 3 EL Zucker
- 1 Pck. Vanillezucker
- 1 Ei
- 2 EL Kakao
- 125 g Kokosfett
- 1 EL Rum
- evtl. 1–2 EL Milch

PARADIESKUCHEN

Margarine und Zucker verrühren, Eier zufügen und alles cremig schlagen. Mehl darübersieben. Backpulver und Gewürze zugeben, kräftig rühren. Ein Backblech mit Backpapier auslegen, an der offenen Seite einen hohen Rand falten. Den Teig aufstreichen, 10 bis 15 Minuten bei starker Hitze backen. Heiß stürzen, das Papier abziehen. Auskühlen lassen.

Inzwischen die Vanillebuttercreme bereiten. Aus Milch, Zucker und Puddingpulver einen steifen Pudding nach Vorschrift kochen. Erkalten lassen. 175 g weiche Butter schaumig schlagen, löffelweise den erkalteten Pudding zufügen. Weiterrühren. Die Creme soll ziemlich fest werden.

Den Kuchen mit einem Drittel der Creme bestreichen. Zwei Drittel in einen Spritzbeutel füllen und mit mittelgroßer Sterntülle in ca. 2 Zentimeter Abstand diagonale Streifen auf den Kuchen tupfen. Die Zwischenräume mit roter, gelber und grüner Götterspeise füllen.

Dazu die Götterspeise nach Vorschrift zubereiten, allerdings die Wassermenge verringern. Die Götterspeise erst unmittelbar vor dem Gelieren auf den Kuchen geben und sofort kalt stellen.

Backzeit: 10–15 Minuten
Backhitze: 180–200 °C

Dieser farbige Kuchen belebt jede Tafel und ist für Kinderaugen eine wahre Freude.

Teig:
- 180 g Margarine
- 180 g Zucker
- 3 Eier
- 200 g Mehl
- 1 TL Backpulver
- abgeriebene Schale von 1 unbehandelten Zitrone
- 1 Pck. Vanillezucker
- 1 Prise Salz

Vanillebuttercreme:
- 375 ml Milch
- 1 Pck. Puddingpulver Vanillegeschmack
- 3 EL Zucker
- 175 g Butter

Belag:
- 1 Pck. Götterspeise Kirschgeschmack
- 1 Pck. Götterspeise Zitrone
- 1 Pck. Götterspeise Waldmeister
- jeweils 4 EL Zucker
- jeweils 400 ml Wasser

PROPHETENKUCHEN

Teig:
- 6 Eigelb
- 6 EL Öl
- 6 EL Mehl (ca. 100 g)
- 6–8 EL Rum oder Weinbrand (40%ig)

Belag:
- 150 g Butter
- 2 Pck. Vanillezucker
- 100–150 g Puderzucker

Die Backröhre auf größte Hitze vorheizen.

Die Eigelb werden so lange geschlagen, bis sich die Masse verdoppelt hat. Öl unterrühren, damit der Teig dick wird. Mehl darübersieben und Rum bzw. Weinbrand zugeben. Alles kurz, aber sehr kräftig schlagen.

Diese Masse auf ein sehr gut gefettetes Backblech streichen und bei stärkster Hitze 5 bis 8 Minuten backen. Während des Backens bilden sich Blasen und Wellen. Der Kuchen darf nicht braun werden, er muss gelb aussehen! Auskühlen lassen.

Den erkalteten Kuchen dick mit zerlassener Butter bepinseln; die Butter muss auf dem Kuchen „stehen“. Mit Vanillezucker bestreuen. Wenn die Butter fest ist, Puderzucker darübersieben.

Backzeit: 5–8 Minuten
Backhitze: 250 °C und mehr

Ein ganz altes Rezept für ein Gebäck, blitzschnell zuzubereiten, das noch immer den Blickfang auf jeder Kaffeetafel bildet. Gebutterte, gezuckerte Kuchenstücke, im geschlossenen Gefäß aufbewahrt, bleiben lange frisch.

Tipp: Diese leicht flüssige Teigmasse muss ziemlich dünn auf das Blech gestrichen werden, sonst können sich keine "Täler und Berge" bilden.

PUNSCHKUCHEN

Margarine, Zucker und Eier kräftig verrühren, das gesiebte Mehl, die Speisestärke und das Backpulver darübergeben und zu einem Sandteig schlagen. Ein Backblech fetten, mit Backpapier auslegen, vorn einen hohen Rand falten. Den Teig daraufstreichen und backen. Noch heiß stürzen und das Papier abziehen. Auskühlen lassen. Den Kuchen dünn mit Marmelade bestreichen.

Die Margarine schaumig schlagen. Aus den Zutaten nach Vorschrift einen Pudding ohne Zucker kochen, erkalten lassen und löffelweise zur Margarine geben. Rühren!

Diese Creme in eine große Schüssel füllen und die Kuchenreste oder sehr weiche Kekse darüberkrümeln. Marmelade, Zitronensaft, Kakao, Rum oder Weinbrand und Salz zufügen. Alles zu einer geschmeidigen Masse verrühren. Mit dem Löffel Häufchen davon abstechen und in Abständen auf die mit Marmelade bestrichene Kuchenoberfläche geben. Diese Häufchen zuletzt mit dem Löffel breit drücken, so dass eine gleichmäßige Fläche entsteht.

Mit Schokoguss überziehen. Dafür Zucker, Vanillezucker, Kakao und Ei gut verrühren, das zerlassene, etwas abgekühlte Kokosfett zugeben. Mit Weinbrand oder Rum abschmecken.

Backzeit: 8 Minuten / Backhitze: 250 °C

Kuchen- oder Kekskrümel, auch altbackener, trocken gewordener Rührkuchen finden Verwendung in diesem saftigen und schnell zubereiteten Kuchen. Kühl gestellt ist er 1 bis 2 Wochen haltbar und sieht immer frisch aus.

Tipp: Hat man keine Kuchenkrümel, eignet sich sehr gut ein kleiner gekaufter Rührkuchen.

Teig:
- 150 g Margarine
- 120 g Zucker
- 3 Eier
- 120 g Mehl
- 60 g Speisestärke
- 1 TL Backpulver

Füllung:
- 3 EL rote Marmelade

Belag:
- 125 g Margarine
- Pudding (aus ¼ l Milch, ½ Puddingpulver Vanillegeschmack)
- 700 g weiche Keks- oder Kuchenkrümel
- 2 EL Marmelade
- Saft von ½ Zitrone
- 2 leicht gehäufte EL Kakao
- Rumaroma, 4 EL Rum oder Weinbrand
- 1 Msp. Salz

Schokoguss:
- 3 EL Zucker
- 1 Pck. Vanillezucker
- 2 EL Kakao
- 1 Ei
- 125 g Kokosfett
- 1–2 EL Weinbrand oder Rum

LPG-KUCHEN (ODER SCHNAPSKUCHEN)

Mehl in eine Schüssel sieben. Margarineflöckchen, Zucker, Salz und Backpulver zugeben. Ei hinzufügen und alles zu einem Teig verkneten. Den Teig 30 Minuten im Kühlschrank ruhen lassen, auf bemehlter Unterlage ausrollen und auf das gut gefettete Backblech legen. Schön goldbraun backen.

Aus Milch, 3 EL Zucker und dem Puddingpulver nach Grundrezept einen Vanillepudding bereiten und abkühlen lassen. 150 g Butter cremig schlagen und dabei löffelweise den Pudding zufügen. Butter und Pudding müssen die gleiche Temperatur haben! Die fertige Buttercreme möglichst gleichmäßig auf die gebackene, abgekühlte Teigplatte streichen.

Für den Belag den Rum in eine flache Schüssel füllen, die Kekse mit der Unterseite kurz eintauchen. Sie dürfen nicht zerfallen oder aufweichen. Die Kekse dann dicht nebeneinander auf die Buttercreme-Schicht legen.

Alles mit einem Schokoguss überziehen. Dafür das Kokosfett in einem Topf erwärmen, bis es flüssig ist. Inzwischen Zucker, Vanillezucker und den gesiebten Kakao mit einem Ei verrühren. Anschließend das etwas abgekühlte Kokosfett löffelweise unterrühren. Zuletzt den Rum hinzufügen und alles glattrühren.

Backzeit: 10–15 Minuten / Backhitze: 180–200 °C

Einer der besten unter den Kuchen, deftig, cremig und sehr würzig! Ein sehr altes Rezept. Seit Gründung der LPG (Landwirtschaftliche Produktionsgenossenschaft) buken die Thüringer Frauen dieses feine tortenähnliche Gebäck. Mit seinen kleinen Keksen, dicht nebeneinandergelegt und mit einem Schokoguss überzogen, symbolisierte der Kuchen den Zusammenschluss der kleinen Flächen zu einer einheitlichen Fläche.

Mürbeteig:
- 250 g Mehl
- 125 g Margarine
- 125 g Zucker
- 1 Prise Salz
- 1 TL Backpulver
- 1 Ei

Buttercreme:
- 400 ml Milch
- 1 Pck. Vanillepuddingpulver
- 3 EL Zucker
- 150 g Butter
- 30 g feste Würfelmargarine

Belag:
- 4 Gläschen Rum
- 300 g Tortenkekse

Schokoguss:
- 125 g Kokosfett
- 3 EL Zucker
- 1 Pck. Vanillezucker
- 2–3 EL Kakao
- 1 Ei
- 1–2 EL Rum

Das Foto zeigt eine Variante mit einer Vanillepudding-Buttercreme.

SCHNEEWITTCHENKUCHEN (DONAUWELLE)

Margarine und Zucker kräftig schlagen, mit den Eiern und der Milch gut verrühren. Mehl und Backpulver dazugeben. Alles zu einem Teig verrühren.

Den Teig teilen. Einem Drittel des Teigs 1 bis 2 EL Milch zugeben und mit dem Kakao dunkel färben.

Ein Backblech gut fetten. Aus Backpapier an der offenen Seite einen hohen Rand falten. Zuerst den hellen Teig ganz glatt aufstreichen. Löffelweise vorsichtig die dunkle Teigmasse darübergeben. Die Sauerkirschen auflegen und backen.

Vom Sauerkirschsaft etwas Flüssigkeit abnehmen, das Puddingpulver anrühren und nach Vorschrift einen Pudding kochen. Erkalten lassen. Die Butter schaumig rühren und mit dem zerlassenen Hartfett verrühren. Dann nach und nach den erkalteten Pudding zugeben und gut verrühren.

Die Sauerkirschcreme auf den Kuchen streichen. Mit Schokoladenguss überziehen. Dafür die Schokolade im Wasserbad schmelzen, das zerlassene Kokosfett und das Öl unterrühren.

Backzeit: 25–30 Minuten
Backhitze: 180–200 °C

Ein lockerer und schnell zubereiteter Kuchen.

Teig:
- 180 g Margarine
- 180 g Zucker
- 3 Eier
- 5 EL Milch
- 375 g Mehl
- ½ Pck. Backpulver
- 1 EL Kakao

Belag:
- 750 g entsteinte Sauerkirschen aus dem Glas

Creme:
- 500 ml Sauerkirschsaft (evtl. mit Wasser auffüllen)
- 1 ½ Pck. Puddingpulver Kirschgeschmack
- 6 EL Zucker
- 150 g Butter
- 50 g Hartfett

Schokoladenguss:
- 175 g Kuvertüre
- 50 g Kokosfett
- 1 EL Öl

TANTE ELLYS GUTER SCHOKOLADENKUCHEN

Mehl in eine Schüssel sieben. Margarineflöckchen, Zucker und Ei hinzufügen. Das Hirschhornsalz in der kalten Milch auflösen und hinzugeben. Rühren. Zuletzt Kakao und Mandeln unter den Teig arbeiten. Den Teig auf ein gut gefettetes Backblech streichen. Bei sehr starker Hitze backen. Auskühlen lassen.

Die Schokolade mit dem Fett möglichst im Wasserbad erhitzen, bis alles flüssig ist. Gut verrühren und auf den Kuchen streichen. Evtl. mit Schokoraspeln bestreuen.

Backzeit: 10–15 Minuten
Backhitze: 250 °C

Dieser Kuchen wird von Tag zu Tag besser. Er hält sich sehr lange und ist mit seinem Schokoladenguss eine wahre Köstlichkeit.

Teig:
- 250 g Mehl
- 250 g Margarine
- 250 g Zucker
- 1 Ei
- 1 TL Hirschhornsalz
- 2 EL Milch
- 75 g Kakao
- 100 g gehackte Mandeln

Schokoladenguss:
- 150 g Vollmilchschokolade oder Kuvertüre
- 1 TL Öl, 50 g Kokosfett

ODER:
- 150 g weiße Schokolade, 1 TL Öl
- 50 g Kokosfett
- Schokoraspel als Verzierung

TEUFELSKUCHEN

Margarine und Zucker kräftig schlagen, mit den Eiern gut verrühren. Mehl und Kakao sieben und mit dem Backpulver dazugeben. Alles zu einem sehr cremigen Teig verrühren. Ein Backblech mit Backpapier auslegen. An der offenen Seite einen hohen Rand falten. Den Teig ganz glatt aufstreichen und bei guter Mittelhitze backen. Heiß auf ein Kuchenblech stürzen und das Papier abziehen. Auskühlen lassen.

Alle Füllungen auf der glatten Teigunterseite nacheinander auftragen:
Die Eiweiß cremig (nicht steif!) schlagen, den gesiebten Puderzucker und die Kokosraspel untermischen. Kokosfett zerlassen, etwas abkühlen lassen und vorsichtig unterheben. Diese blütenweiße Kokosmasse auf den dunklen Teig streichen.

Mit 700 ml Wasser (reduzierte Wassermenge!) Götterspeise nach Vorschrift zubereiten und kurz vor dem Gelieren vorsichtig auf die Kokosmasse auftragen. Erstarren lassen.

Einen steifen Vanillepudding kochen (Milchmenge verringern!) und abkühlen lassen. Butter schaumig schlagen und den Pudding löffelweise dazugeben. Rühren. Die Buttercreme dünn auf die fest gewordene Götterspeise auftragen.

Für den Schokoladenguss die Schokolade im Wasserbad schmelzen, das zerlassene Kokosfett und das Öl zufügen. Gut verrühren. Die möglichst kühle und feste Buttercreme vorsichtig damit überziehen.

Der Kuchen mit seinen fünf Schichten unterscheidet sich in der Höhe nicht von den übrigen, denn alle Schichten müssen ganz dünn sein.

Backzeit: 10–15 Minuten / Backhitze: 180–200 °C

Teig:
- 180 g Margarine
- 180 g Zucker
- 3 Eier
- 160 g Mehl
- 3 EL Kakao
- 1 TL Backpulver

Kokosfüllung:
- 2 Eiweiß
- 150 g Puderzucker
- 150 g Kokosraspel
- 100 g Kokosfett

Rote Füllung:
- 700 ml Wasser
- 2 Pck. rote Götterspeise
- 5 EL Zucker

Puddingfüllung:
- 375 ml Milch
- 2 EL Zucker
- 1 Pck. Puddingpulver Vanillegeschmack
- 150 g Butter

Schokoladenguss:
- 150 g bittere Schokolade
- 50 g Kokosfett
- 1 TL Öl

Ein beliebter Kuchen, der nicht ganz so aufwändig ist, wie es zunächst aussieht. Mit seinem raffinierten Äußeren und dem feinen Geschmack hat er auf jedem Fest eine Chance.

TRÜFFELKUCHEN

Margarine und Zucker kräftig schlagen, mit den Eiern gut verrühren. Mehl und Kakao sieben und mit dem Backpulver vermischt dazugeben. Milch zufügen, alles kurz und kräftig zu einem geschmeidigen Teig verrühren.

Ein Backblech mit Backpapier auslegen. An der offenen Seite einen hohen Rand falten. Den Teig ganz glatt aufstreichen und bei guter Mittelhitze backen. Heiß auf ein Backblech stürzen und das Papier abziehen. Auskühlen lassen.

Inzwischen 200 g Butter schaumig schlagen, gesiebten Kakao, Eigelb, Vanillezucker und Rumaroma zufügen. Kräftig rühren. Vollmilchschokolade im Wasserbad zerlassen und etwas abgekühlt vorsichtig unterrühren.

Die Creme auf die glatte Unterseite des Kuchens streichen und mit dem Garnierkamm in Wellen über den Kuchen fahren.

Backzeit: 10 Minuten
Backhitze: 220 °C

Besonders feiner Kuchen mit Pralinencharakter!

Teig:
· 200 g Margarine
· 200 g Zucker
· 4 Eier
· 200 g Mehl
· 4 EL Kakao
· ½ Pck. Backpulver
· 3 EL Milch

Trüffelcreme:
· 200 g Butter
· 2 EL Kakao
· 1 Eigelb
· 1 Pck. Vanillezucker
· ½ Fläschchen Rumaroma
· 100 g Vollmilch- oder Bitterschokolade

APRIKOSENBAISER

Eigelb, Margarine, Zucker, Vanillezucker, Salz und Schmand verrühren. Mehl mit Backpulver mischen und unter den Teig rühren bzw. kneten. Den Teig auf einem gefetteten Blech ausrollen und mit etwas Semmelmehl bestreuen.

Die gut abgetropften Aprikosen in dünne Streifen schneiden und auf die Teigplatte legen.

Eigelb, Zucker und weiche Margarine untereinander schlagen. Mehl, Speisestärke und Backpulver unterschlagen. Die Masse mit Rum und Milch verrühren, auf die Aprikosen streichen und mit gehackten Mandeln bestreuen. Den Kuchen vorbacken.

In der Zeit das gut gekühlte Eiweiß langsam schaumig schlagen, dann allmählich den Zucker einrieseln lassen. Zum Schluss hin etwas schneller schlagen.

Den vorgebackenen Kuchen aus dem Ofen nehmen und die Baiserdecke darüber verteilen, mit einem Garnierkamm darüber fahren und den Kuchen fertig backen.

Erste Backzeit: 20 Minuten
Backhitze: 180–200 °C

Zweite Backzeit: 15–20 Minuten
Backhitze: 180 °C

Der Kuchen sieht nicht nur schön aus, sondern schmeckt auch wunderbar. Die Oberfläche der Baiserdecke bleibt tagelang frisch und knusprig. Nur am ersten Tag lässt sie sich nicht so gut schneiden.

Teig:
- 2 Eigelb
- 125 g Margarine
- 100 g Zucker
- 1 Pck. Vanillezucker
- 1 Prise Salz
- 2 EL Schmand
- 325 g Mehl
- 2 TL Backpulver
- Semmelmehl

Belag:
- 2 große Dosen Aprikosen
- 2 Eigelb
- 100 g Zucker
- 200 g Margarine
- 100 g Mehl
- 50 g Speisestärke
- 2 TL Backpulver
- 4 EL Rum
- 4 EL Milch
- 50–100 g gehackte Mandeln

Baiserdecke:
- 4 Eiweiß
- 200 g Zucker

APRIKOSENMARIECHEN

Ei, Zucker, Salz und weiche Margarine verrühren, Backpulver mit etwas Mehl vermischt unterrühren, restliches Mehl unterkneten. Den Teig auf einem gefetteten Blech ausrollen und mit Aprikosenkonfitüre bestreichen.

Staubzucker, weiche Margarine und ein Ei verschlagen, mit dem zweiten Ei alles zu einer glatten Masse schlagen. Mehl, Speisestärke und Backpulver unterschlagen und alles auf der Konfitüre verstreichen. Die gut abgetropften Aprikosen nicht zu dicht (1 Dose muss reichen) mit den Rundungen nach oben auf den Belag legen und etwas andrücken.

Aus den Streuselzutaten kleine Streusel kneten, über dem Kuchen verteilen, aber nicht alles abdichten, die Früchte sollen noch etwas zu sehen sein. Backen. Den erkalteten Kuchen mit zerlassener Butter bepinseln und vor dem Auftragen dünn mit Puderzucker besieben.

Backzeit: 25–30 Minuten
Backhitze: 180–200 °C

Das ist Mariechens saftiger Trockener, ein besonders haltbarer Kuchen.

Teig:
- 1 Ei
- 100 g Zucker
- 1 Prise Salz
- 125 g Margarine
- 1 TL Backpulver
- 300 g Mehl
- 300–400 g Aprikosenkonfitüre

Belag:
- 125 g Staubzucker
- 125 g Margarine
- 2 Eier
- 100 g Mehl
- 25 g Speisestärke
- 1 TL Backpulver
- 1 große Dose Aprikosen

Streusel:
- 150 g Mehl
- 125 g Butter
- 125 g Zucker
- 1 Pck. Vanillezucker
- 40 g Butter
- 1 EL Puderzucker

HEIDELBEERKUCHEN

Eier und Zucker dickcremig schlagen. Das mit Backpulver gesiebte Mehl kurz unterheben. Auf Papier auf einem Backblech backen.

Den Boden vom Blech lösen und die Unterseite dünn mit Marmelade bestreichen. Nun die Quark-Sahne-Masse auftragen.

Dafür 4 EL Quark mit der in Zitronensaft und 8 EL Wasser aufgelösten Gelatine vermischen und mit dem großen Rest Quark und Zucker verrühren. Die mit Sahnesteif und Vanillezucker steif geschlagene Sahne unterziehen.

Heidelbeeren gut abtropfen lassen, den Saft auffangen, ½ l Saft abmessen und mit Zucker und Tortenguss verrühren, aufkochen lassen. Die Beeren dann unter den Heidelbeersaft rühren. Alles auf die inzwischen etwas fest gewordene Quarkcreme streichen.

Backzeit: 10–15 Minuten
Backhitze: 180 °C

Zart und mild ist diese Art Heidelbeerkuchen zu allen Jahreszeiten und besonders für festliche Gelegenheiten geeignet. Er lässt sich problemlos in kleine Stücke schneiden.

Teig:
- 4 Eier
- 200 g Zucker
- 200 g Mehl
- 1 TL Backpulver

Belag:
- 3 EL Aprikosenkonfitüre oder rote Marmelade
- 750 g Magerquark
- 5 EL Zitronensaft
- 2 Pck. Gelatine
- 8 EL Wasser
- 500–600 g Schlagsahne
- 1 Pck. Sahnesteif
- 2 Pck. Vanillezucker
- 175–200 g Zucker

Guss:
- 2 Gläser Heidelbeeren (à 450 g)
- ½ l Heidelbeersaft
- 3–4 EL Zucker
- 3 Pck. Tortenguss rot (je ¼ l)

HIMBEERKUCHEN

Eier mit Zucker dickcremig schlagen, Mehl, Speisestärke und Backpulver unterziehen. Die zerlassene abgekühlte Margarine ebenfalls unterziehen. Den flüssigen Teig auf einem mit Backpapier ausgelegten Blech backen.

Himbeeren mit Zucker und Wasser kurz kochen, ½ Tasse Saft wegnehmen und die Götterspeise darin auflösen. Alles mit den Himbeeren vermischen und bei Gelierbeginn die mit Zucker und Sahnesteif geschlagene Sahne unterziehen.

Kuchenplatte in der Mitte teilen und auf die Unterseite die Himbeercreme streichen und die andere Kuchenhälfte darüber decken. Dick mit Puderzucker bestäuben.

Backzeit: 8–10 Minuten / Backhitze: 180–200 °C

Für ½ Backblech

Teig:
- 3 Eier
- 125 g Zucker
- 75 g Mehl
- 75 g Speisestärke
- 1 TL Backpulver
- 50 g zerlassene Margarine

Belag:
- 350–400 g Himbeeren
- 100 g Zucker
- 50 ml Wasser
- 1 Pck. Himbeergötterspeise
- 200 g Schlagsahne
- 1 Pck. Sahnesteif
- 1 EL Zucker
- Puderzucker

HOLUNDERKUCHEN

Der Holunderkuchen wird ebenso zubereitet wie der Himbeerkuchen (siehe oben). Statt Himbeeren verwendet man aber für den Belag 300 g Holundermus.

Dafür die Holunderbeeren mit einer kleinen Tasse Wasser und 3 bis 4 EL Zucker kochen und durch ein Sieb drücken.

Die Götterspeise wird ersetzt durch 1 Pck. Gelatine. Wie beim Himbeerkuchen das Holundermus mit der aufgelösten Gelatine vermischen. Die mit Zucker und Sahnesteif geschlagene Sahne unter die Masse ziehen. Vollenden und backen wie im Himbeerkuchen-Rezept angegeben.

Für ½ Backblech

Teig:
- Zutaten wie beim Himbeerkuchen

Belag:
- 350 g Holunderbeeren
- 3–4 EL Zucker
- 1 kleine Tasse Wasser
- 1 Pck. Gelatine
- 300 g Schlagsahne
- 1 Pck. Sahnesteif
- 1 EL Zucker
- Puderzucker

PFEFFI-KUCHEN

Teig:
- 4 Eier
- 200 g Zucker
- 200 g Mehl
- 1 gehäufter TL Backpulver
- 75 g Speisestärke
- 50 g Margarine
- 200 g Bitterschokolade
- 1 EL Öl

Pfeffi-Creme:
- 400 ml Milch
- 1 ½ Pck. Vanillepuddingpulver
- 3 EL Zucker
- 250 ml Pfefferminzlikör
- 1 Pck. grüne Götterspeise
- 50 g Hartfett
- je 100 g Butter und feste Würfelmargarine
- 2–3 EL Raspelschokolade

Eier mit Zucker dickcremig schlagen, Mehl, Backpulver und Speisestärke vorsichtig unterschlagen und die zerlassene abgekühlte Margarine tropfenweise unterheben. Auf einem mit Backpapier ausgelegten Blech backen. Die abgekühlte Unterseite des Bodens mit in Öl zerlassener und gut verrührter Schokolade bestreichen und fest werden lassen.

Aus Milch, Puddingpulver und Zucker einen ganz straffen Pudding kochen und sofort mit in 100 ml heißem Likör aufgelöster Götterspeise verrühren. Auch das Hartfett einrühren. Den übrigen Likör in den noch warmen Pudding rühren.

Butter und Margarine cremig schlagen und den handwarmen Pudding löffelweise unterschlagen. Creme auf die fest gewordene Schokolade streichen.

Mit Kamm garnieren und mit Raspelschokolade bestreuen.

Backzeit: 10–15 Minuten
Backhitze: 180–200 °C

Ein feiner Festtagskuchen aus der Gegend um Apolda.

BUTTERMILCHKUCHEN

Eier mit Zucker gut verrühren. Abwechselnd Mehl mit Backpulver gemischt und Buttermilch unterrühren. Zucker mit Kokosraspel und Vanillemark gemischt darüberstreuen. Den Teig auf ein kleines Backblech (30 cm x 35 cm) streichen und backen, bis die Oberfläche hellbraun gebräunt ist, nicht zu dunkel.

Aus dem Ofen nehmen und gleich das heiße Butter-Sahne-Gemisch mit dem Löffel darüber verteilen.

Backzeit: 30 Minuten
Backhitze: 180 °C

Ein lockerer, saftiger Kuchen, der sich gut hält.

Teig:
- 3–4 Eier
- 150–200 g Zucker
- 275–300 g Mehl
- ¾ bis 1 Pck. Backpulver
- 2 Tassen Buttermilch
- 100 g Zucker
- 100 g Kokosraspel
- Mark von 1 Vanilleschote
- 175 g zerlassene Butter
- 50 ml Sahne

EIERLIKÖRKUCHEN

Eier mit Staubzucker und Vanillezucker cremig schlagen, Öl unterschlagen. Mehl, Speisestärke und Backpulver zugeben. Mit dem Eierlikör alles glatt rühren. Auf einem gefetteten Blech backen.

Für den Guss den Staubzucker mit Kakao, Rum und Hartfett verrühren. Mit Eierlikör zu einer dickflüssigen Masse verarbeiten und auf den Teig streichen.

Backzeit: 25–30 Minuten
Backhitze: 180 °C

Tipp: Es ist ratsam, eine Schiene an das Blechende zu geben, da der Teig ziemlich flüssig ist.

Teig:
- 5 Eier (300–350 g)
- 200 g Staubzucker
- 1 Pck. Vanillezucker
- 250 ml Öl
- 250 g Mehl
- 100 g Speisestärke
- 1 Pck. Backpulver
- 250 ml Eierlikör

Schokoguss:
- 200 g Staubzucker
- 2 EL Kakao
- 2 EL Rum
- 100 g Hartfett
- 3 EL Eierlikör

DORNRÖSCHENKUCHEN

Für den weißen Teig Eiweiß mit 50 g Puderzucker und dem Salz steifschlagen. Margarine mit dem restlichen Zucker cremig schlagen, Mehl mit Backpulver, Speisestärke und Milch unterschlagen. Zum Schluss das geschlagene Eiweiß unterrühren. Auf einem mit Backpapier belegten Blech backen.

Für den gelben Teig Eigelb, Margarine und Zucker cremig schlagen, Mehl, Backpulver und Milch unterschlagen und auf Papier backen.

Für die Füllung Puddingpulver mit einem Teil Milch und Eigelb verquirlen. Rest Milch mit Zucker aufkochen, Puddingmasse einrühren und aufkochen lassen. Vom Herd nehmen und das Hartfett unterrühren. Butter mit Margarine cremig schlagen und den zimmerwarmen Pudding löffelweise unterschlagen. Die Masse auf die Unterseite vom gelben Teig streichen. Weiße Teigplatte mit der Unterseite nach oben auflegen.

Für den Guss Eiweiß steifschlagen, Puderzucker unterschlagen, die in Zitronensaft aufgelöste Götterspeise zugeben und schließlich das flüssige, abgekühlte Hartfett unterschlagen. Den zartgrünen Guss über die weiße Teigplatte streichen, antrocknen lassen und mit bunten Zuckerstreuseln garnieren.

Backzeit: 8–10 Minuten
Backhitze: 200 °C

Ein märchenhaft zarter Festtagskuchen, der kühl gestellt tagelang an nichts verliert und sich auch wunderbar schneiden lässt.

Weißer Teig:
- 6 Eiweiß
- 50 g Puderzucker
- 1 Prise Salz
- 100 g Margarine
- 100 g Zucker
- 50 g Mehl
- 1 TL Backpulver
- 100 g Speisestärke
- 4 EL Milch

Gelber Teig:
- 6 Eigelb
- 100 g Margarine
- 100 g Zucker
- 125 g Mehl
- 1 TL Backpulver
- 4 EL Milch

Füllung:
- 1 ½ Pck. Himbeerpuddingpulver
- 500 ml Milch
- 1 Eigelb
- 3 gehäufte EL Zucker
- 50 g Hartfett
- 75 g Butter
- 75 g Margarine

Guss:
- 1 Eiweiß
- 100 g Puderzucker
- 3 EL Zitronensaft
- 2 gestrichene TL grünes Götterspeisepulver
- 100 g Hartfett
- bunte Zuckerstreusel

MARZIPANKUCHEN NACH MÜHLTROFFER ART

Eigelb, Zucker und Margarine verrühren, Kakao, Vanillezucker, Milch und das mit Backpulver gesiebte Mehl zugeben. Einen Teig daraus kneten und auf ein gut gefettetes Blech ausrollen.

Für die Marzipanmasse Zucker, zerlassene Margarine und Mandelöl gut verrühren, dann Grieß unterrühren und die steifgeschlagenen Eiweiß unterheben. Die Masse auf den Teig streichen und backen. Über den heißen Kuchen die heiße Milch träufeln.

Für den Guss Ei mit Zucker und Vanillezucker cremig verrühren, Kakao zugeben und das zerlassene abgekühlte Hartfett allmählich unterrühren, zum Schluss mit dem Rum geschmeidig rühren. Den erkalteten Kuchen mit dem Schokoladenguss bestreichen.

Erste Backzeit: 10 Minuten
Backhitze: 250 °C

Zweite Backzeit: 10–15 Minuten
Backhitze: 180–200 °C

Tipp: Dieser Festtagskuchen braucht gute Unterhitze.

Teig:
- 4 Eigelb
- 150 g Zucker
- 150 g Margarine
- 3 EL Kakao
- 1 Pck. Vanillezucker
- evtl.1 EL Milch
- 300 g Mehl
- 1 Pck. Backpulver (knapp)

Marzipanmasse:
- 250 g Zucker
- 250 g Margarine
- ½ Flasche Bittermandelöl (oder nach Geschmack)
- 375 g Grieß
- 4 Eiweiß
- 400 ml Milch

Guss:
- 1 Ei
- 3 gehäufte EL Zucker
- 1 Pck. Vanillezucker
- 3 EL Kakao
- 100 g Hartfett
- 1–2 EL Rum

BROMBEERCREMEKUCHEN

Weiche Margarine cremig schlagen, Mehl, Backpulver, Zitronenschale und Saft nach und nach unterschlagen. Nun die Eier mit dem Staubzucker schaumig schlagen und nach und nach zur Mehlmasse geben und immer gut verschlagen. So entsteht aus der feinen cremigen Masse ein zarter feinporiger Teig. Auf Papier backen. Das Papier nach dem Backen sofort abziehen und die Teigplatte umdrehen.

Für den Belag die Brombeeren (frisch oder TK) mit Zucker und Wasser kurz kochen. Auf einem Sieb abtropfen lassen und die Hälfte der Beeren beiseite stellen. Rest Beeren durch ein Sieb drücken und mit Wasser auf 700 ml auffüllen. Mit dem Puddingpulver zu einem straffen Pudding kochen und die gut abgetropften Beeren unterrühren. Hartfett einrühren und etwas abgekühlt die weiche Butter unterrühren. Auf die Unterseite der Teigplatte streichen.

Backzeit: 20–25 Minuten
Backhitze: 180 °C

Teig:
- 250 g Margarine
- 250 g Mehl
- ½ Pck. Backpulver
- Saft und Schale von ½ unbehandelten Zitrone
- 4 Eier
- 200 g Staubzucker

Belag:
- 1 kg Brombeeren
- 200 ml Wasser
- 175 g Zucker
- 125 g Butter oder Margarine
- 75 g Hartfett
- 2 Pck. Vanillepuddingpulver

Aromatischer, leicht cremiger Fruchtkuchen, der besonders für festliche Anlässe gut geeignet ist. Rührt man 1 bis 2 EL Sahne unter den Belag, wird die Farbe heller.

GESPENSTERKUCHEN

Eier mit Zucker dickcremig schlagen. Mehl mit Backpulver langsam unterschlagen. Den Teig auf ein normales Backblech streichen und backen.

Für den Guss Staubzucker mit Zitronensaft verrühren. Die zerlassene Butter unterrühren. Mit der heißen Milch glänzend rühren (ca. 1 bis 2 Minuten). Guss auf den erkalteten Kuchen auftragen.

Ist der Guss fest geworden, können sich die Kinder damit beschäftigen. Sie können die Oberfläche des Kuchens mit Hilfe von bunter Kuchen- oder Lebensmittelfarbe mit frechen, grusligen Fratzen, mit großen Augen aus Marzipan, zotteligen bunten Haaren usw. schmücken. Oder Gesichter aus Liebesperlen, dicken Zuckerstreuseln oder Streuseln aus Esspapier legen. Der Phantasie sind keine Grenzen gesetzt.

Backzeit: 10–12 Minuten
Backhitze: 180 °C

Ein wattig-lockerer Kuchen und zugleich eine lustige Beschäftigung für einen Kindergeburtstag.

Für 1 Backblech:

Teig:
- 4 Eier
- 200 g Zucker
- 250 g Mehl
- ¾ Pck. Backpulver

Guss:
- ca. 250–300 g Staubzucker
- 2–3 EL Zitronensaft
- 75 g zerlassene Butter
- 1–2 EL heiße Milch

Zum Verzieren:
- Liebesperlen
- bunte Zuckerstreusel
- Smarties
- Lebensmittelfarbe
- essbare Gummischnüre
- Marzipan
- Fondant
- etc.

PFIRSICHKUCHEN „BLAUE WELLE“

Margarine und Zucker gut verrühren. Eier nach und nach unterschlagen. Mehl, Backpulver und Milch allmählich zugeben. Teig halbieren, eine Hälfte auf ein gut gefettetes Blech streichen. Den übrigen Teig mit ungemahlenem Mohn und Milch verrührt darüber streichen. Mit Pfirsichscheiben belegen und backen.

Für die Creme aus Milch, Puddingpulver und Zucker einen straffen Pudding kochen. Erkaltet mit Frischkäse vermischen. Butter cremig schlagen und die Puddingmasse löffelweise unterschlagen. Den erkalteten Kuchen mit der Creme bestreichen.

Von schönem gelben Saft (evtl. Multivitaminsaft) und Tortenguss einen Guss herstellen und über die inzwischen fest gewordene weiße Creme auf den Kuchen streichen.

Backzeit: 25–30 Minuten
Backhitze: 180–200 °C

Tipp: Pfirsichabtropfsaft mit 1 EL Orangengetränkepulver verrührt, ergibt auch eine leuchtend gelbe Farbe.

Fein aromatischer, etwas gewellt aussehender Sonntagskuchen.

Teig:
- 175 g Margarine
- 175 g Zucker
- 4 Eier
- 5 EL Milch
- 350 g Mehl
- 2 TL Backpulver
- 150 g Mohn
- 5 EL Milch
- 2 Dosen Pfirsiche in Scheiben

Creme:
- 600 ml Milch
- 2 Pck. Vanillepuddingpulver
- 3 EL Zucker
- 200 g Frischkäse
- 125 g Butter
- 500 ml gelber Saft
- 2 Pck. Tortenguss

SCHOKO-NUSSKUCHEN „SCHWARZE WITWE“

Zucker und Eier cremig schlagen, weiche Margarine unterschlagen. Natron im Schmand aufgelöst zugeben. Kakao, Mehl und Backpulver unterschlagen. Auf einem mit Backpapier ausgelegten Blech backen. Papier nach dem Backen abziehen.

Marmelade mit Rum gut verrühren und auf die Unterseite des erkalteten Bodens streichen. Aus Milch, Puddingpulver und Zucker einen straffen Pudding kochen und handwarm mit gut geschlagener Margarine zur Creme schlagen.

Die zerlassene abgekühlte Kuvertüre und die ohne Fett gerösteten Nüsse unter die Creme rühren. Alles auf die Marmelade verteilen und glatt streichen. Mit Schokolinien oder Raspelschokolade verzieren.

Für die Verzierung mit Schokolinien die zerlassene Kuvertüre mit dem Öl verrühren.

Backzeit: 20–25 Minuten
Backhitze: 180–200 °C

Tipp: Wer es besonders gut meint, gibt einen Schokoguss mit Rum über die Creme.

Ein sehr schmackhafter Festtagskuchen mit feiner Schokonote, der lange frisch bleibt.

Teig:
- 150 g Zucker
- 4 Eier Größe L (200–250 g)
- 150 g Margarine
- 100 g Schmand
- 1 TL Natron
- 2 EL Kakao
- 200 g Mehl
- 1 TL Backpulver

Belag:
- 4 geh. EL Aprikosenmarmelade
- 2–3 EL Rum
- ½ l Milch
- 1 ½ Pck. Puddingpulver
- 2 EL Zucker
- 150 g feste Würfelmargarine oder Butter
- 100 g Vollmilchkuvertüre
- 100 g gemahlene Nüsse

Zum Verfeinern:
- 50 g Kuvertüre
- 3 TL Öl

ODER
- Schokoraspel

ERDBEER-QUARK-KUCHEN

Alle Teigzutaten außer Semmelmehl mit dem Messer untereinander hacken, dann verkneten und 30 Minuten ruhen lassen. Nochmals kurz durchkneten und ausrollen. Das Semmelmehl über den ausgerollten Teig streuen und mit der Gabel einstechen. Nun den Belag darauf geben.

Dafür Eier mit Zucker, Vanillezucker und der Zitronenschale schaumig schlagen. Quark mit Milch und Soßenpulver gut verrühren und die mit Zucker steif geschlagene Sahne unterziehen. Backen.

Die Erdbeeren mit dem Mixstab pürieren, dabei Zucker zugeben. Tortenguss mit Wasser und Zitronensaft anrühren und das Erdbeerpüree damit binden. Gut aufkochen lassen und auf den erkalteten Kuchen streichen.

Backzeit: 35–40 Minuten
Backhitze: 180 °C

Ein saftiger Erdbeer-Quark-Kuchen, der sich schon am ersten Tag in exakte Stücke schneiden lässt. Dieser Kuchen kann auch mit Hefeteig gebacken werden.

Teig:

- 175 g Mehl
- 1 Ei
- 1 Prise Salz
- 50 g Zucker
- 75 g Margarine
- ½ TL Backpulver
- 1 EL Semmelmehl

Belag:

- 2 Eier
- 50 g Zucker
- 1 Pck. Vanillezucker
- 1 gehäufter TL abgeriebene Schale von 1 unbehandelten Zitrone
- 400 g Magerquark
- 5 EL Milch
- 1 Pck. Vanillesoßenpulver
- 200 ml Schlagsahne
- 2–3 EL Zucker

Guss:

- 300 g Erdbeeren
- 2 EL Zucker
- 1 Pck. roter Tortenguss
- 4 EL Wasser
- 1 EL Zitronensaft

PÜCKLERKUCHEN MIT SOMMERCREME

Staubzucker und Margarine cremig schlagen. Eier nach und nach unterschlagen. Mehl, Speisestärke und Backpulver zugeben. Teig teilen. Einen Teil mit Kakao und der Milch verrühren. Auf zwei Blechen auf Papier backen.

Götterspeise- und Grützepulver in etwas warmem Wasser anrühren, den Rest Wasser mit Zucker kochen und die Anrührmasse einrühren und aufkochen.

Margarine und Butter cremig schlagen und den handwarmen Pudding löffelweise unterschlagen. Zum Schluss rasch das heiße Hartfett unterschlagen. Creme auf die Unterseite des dunklen Bodens streichen. Den hellen Boden mit der Unterseite nach oben darüber legen und etwas andrücken.

Ei mit Zucker gut verrühren, Kakao und Vanillezucker unterrühren. Zerlassenes, nicht zu heißes Hartfett nach und nach zugeben. Mit Rum alles glatt rühren. Über den Kuchen streichen, evtl. mit Kamm garnieren.

Backzeit: 10 Minuten
Backhitze: 180 °C

Pücklerkuchen wird sehr gern gebacken, da er auch Backneulingen ein gutes Ergebnis garantiert. Der Kuchen lässt sich problemlos schneiden und die fruchtig säuerliche Creme macht ihn lange haltbar.

Teig:
- 250 g Staubzucker
- 250 g Margarine
- 5–6 Eier
- 150 g Mehl
- 150 g Speisestärke
- ½ Pck. Backpulver
- 2 EL Kakao
- 2 EL Milch

Füllung:
- 1 Pck. rote Götterspeise
- 1 Pck. Rote Grütze glatt
- ½ l Wasser
- 5–6 EL Zucker
- 50 g feste Würfelmargarine
- 75 g Butter
- 50 g Hartfett

Schokoguss:
- 1 Ei
- 3 gehäufte EL Zucker
- 2 gehäufte EL Kakao
- 2 Pck. Vanillezucker
- 100 g Hartfett
- 2–3 EL Rum oder Weinbrand

KIRSCHKUCHEN FESTLICHE ART

Weiche Margarine, Gewürze, Eier und Zucker gut verschlagen. Mehl, Speisestärke und Backpulver auf 2-mal unterschlagen. Diesen straffen Teig auf ein gut gefettetes Blech drücken und mit bemehltem Rollholz mit leichtem Druck ausrollen. Die gut abgetropften Kirschen (Saft auffangen) auf dem Boden verteilen. Dann auf der unteren Schiene backen.

Aus Milch, Zucker und Puddingpulver einen Pudding kochen und die im warmen Kirschwasser aufgelöste Gelatine im heißen Pudding gut verrühren. Im kalten Wasserbad unter mehrmaligem Rühren den Pudding rasch abkühlen lassen. Sahne mit Sahnesteif und Vanillezucker steif schlagen und mit dem handwarmen Pudding mit dem Schneebesen vorsichtig vermischen.

Aus dem aufgefangenen Kirschsaft, Zucker und Tortengusspulver einen Guss herstellen und sofort auf der inzwischen fest gewordenen weißen Cremeschicht verteilen.

Backzeit: 20–25 Minuten
Backhitze: 180–200 °C, untere Schiene

Diese leichte Pudding-Sahnecreme macht den fruchtigen Kuchen sehr gut verträglich.

Teig:
- 150 g Margarine
- 1 Pck. Vanillezucker
- 1–2 TL abgeriebene Zitronenschale
- 1 Prise Salz
- 2 kleine Eier
- 150 g Zucker
- 200–250 g Mehl
- 100 g Speisestärke
- 1 TL Backpulver
- 2 Gläser (à 720 ml) Sauerkirschen

Füllung:
- 400 ml Milch
- 2 EL Zucker
- 1 Pck. Puddingpulver Vanillegeschmack
- 6 EL Kirschwasser oder Wasser
- 1 Pck. Gelatine
- 400 ml Schlagsahne
- je 2 Pck. Vanillezucker und Sahnesteif

Guss:
- ½ l Kirschsaft
- 2 Pck. Tortenguss
- Zucker nach Geschmack

GÄRTNERINNENKUCHEN

Eier, Staubzucker und Salz cremig schlagen. Öl mit Eierlikör, Mehl, Speisestärke, Backpulver und Kakao abwechselnd unterschlagen. Auf die Hälfte eines gut gefetteten Backblechs oder eine Springform streichen.

Große, helle Streusel darüber zupfen. Dafür alle Streuselzutaten mit zerlassener Margarine verkneten. Backen.

Zitronensaft, heißes Wasser und Götterspeisepulver unter Rühren erwärmen, bis die Götterspeise aufgelöst ist. Mit Staubzucker und flüssigem Hartfett in 2 Minuten zu einem nicht zu dünnflüssigen Guss verrühren. Diesen löffelweise über den Kuchen verteilen. Von Teig und Streuseln sollen noch Teile zu sehen sein.

Nun die bunten Streusel darüber verteilen.

Backzeit: 30 Minuten
Backhitze: 180 °C

Ein besonders schön aussehender Kuchen – dunkle Erde, grünes Gras, bunte Blümchen –, der durch den locker saftigen Boden und die knusprigen Streusel viele Tage frisch bleibt.

Tipp: Wer den Kuchen für Kinder ohne Eierlikör backen möchte, nimmt stattdessen 150 g Schmand mit 1 EL Zucker vermischt.

Für ½ Backblech oder 1 Springform 26 cm Ø

Teig:
- 2 Eier
- 100 g Staubzucker
- 1 Prise Salz
- 75 ml Öl
- 100 ml Eierlikör
- 75 g Mehl
- 50 g Speisestärke
- 1 TL Backpulver
- 3 EL Kakao

Streusel:
- 150 g Mehl
- 75 g Zucker
- 1 EL Wasser
- 1 Pck. Vanillezucker
- 100 g Margarine

Garnitur:
- 5 TL Zitronensaft
- 1 TL Wasser
- 1 geh. TL grüne Götterspeise
- 3–4 geh. TL Staubzucker
- 2 TL Hartfett
- kleine bunte, runde Zuckerstreusel

CAPPUCCINOKUCHEN

Eier, Zucker und Rum dickcremig schlagen. Mehl, Speisestärke und Cappuccinopulver mit Backpulver kurz unterschlagen. Auf Backpapier auf einem Backblech backen. Die abgekühlte Teigplatte vom Backpapier befreien und senkrecht teilen.

50 g Kuvertüre in der Milch in ca. 10 Minuten langsam auflösen. Die Gelatine im warmen Wasser unter Rühren auflösen. Aus Milch, Zucker und Puddingpulver einen Pudding kochen. Den Schokobrei mit der aufgelösten Gelatine und dem noch etwas heißen Pudding gut verrühren. Cappuccinopulver einrühren und die mit Sahnesteif und Vanillezucker steif geschlagene Sahne unterheben. Die Hälfte von dieser Masse auf eine halbe Kuchenplatte streichen und die zweite halbe Platte darüber decken. Rest Creme darauf streichen und mit der übrigen, in heißem Öl zerlassenen Kuvertüre oder Bitterschokolade die Oberfläche garnieren.

Backzeit: 15–20 Minuten / Backhitze: 180–200 °C

Für ½ Backblech

Teig:
- 3 Eier
- 125 g Zucker
- 3 EL Rum
- 100 g Mehl
- 50 g Speisestärke
- 2 EL Cappuccinopulver
- 2 TL Backpulver

Creme:
- 100 g Kuvertüre
- 50 ml Milch
- 1 Pck. Gelatine
- 50 ml Wasser
- 200 ml Milch
- 1 EL Zucker
- ½ Pck. Puddingpulver
- 3 geh. EL Cappuccinopulver
- 300 ml Schlagsahne
- 1 Pck. Sahnesteif
- 1 Pck. Vanillezucker
- 1 TL Öl

Cremig leichter Festtagskuchen, der noch würziger wird, wenn man 1 bis 2 TL Kaffeepulver anstelle von Cappuccinopulver in die Creme rührt.

BIRNENKUCHEN

Eier mit Zucker und Butter cremig schlagen. Mehl, Backpulver und Kakao allmählich unterschlagen und die zerlassene Schokolade unterrühren.

Die geschälten Birnen in 1 cm dicke Scheiben schneiden und mit Zitronensaft beträufeln. Rohe Birnen in 250 ml heißes Wasser mit etwas Zucker legen und kurz etwas weich dünsten. Gut abgetropft auf den ausgerollten Schokoteig legen. Backen. (Wenn man Birnen aus der Konserve verwendet, geht es viel schneller.)

Von 300 ml abgetropftem Birnensaft mit Puddingpulver und Zucker einen Pudding kochen und das Hartfett einrühren. Geschlagene Butter und Margarine unter den handwarmen Pudding schlagen. Die Birnencreme auf dem erkalteten Kuchen verteilen. Mit Schokoblättchen bestreuen.

Backzeit: 30–35 Minuten / Backhitze: 180 °C

Für ½ Backblech oder
1 Springform 26 cm Ø

Teig:
- 2 Eier
- 100 g Zucker
- 100 g Butter
- 125 g Mehl
- 1 TL Backpulver
- 1 EL Kakao
- 50 g Blockschokolade oder Kuvertüre
- 2–3 große Birnen oder 1 Dose Birnen
- Saft von 1 großen Zitrone

Belag:
- 300 ml Birnensaft
- 1 Pck. Puddingpulver Vanillegeschmack
- 2–3 EL Zucker
- 25 g Hartfett
- 25 g Butter
- 25 g Margarine
- Schokoblättchen

MANDARINENKUCHEN (MIT STREUSELN)

Von Margarine bis Backpulver einen Mürbeteig kneten und auf einem entsprechend großen Backblech (25 cm x 25 cm) ausrollen.

Mandarinen abtropfen lassen, Saft auffangen. Aus dem Saft, Soßenpulver und Speisestärke einen Pudding kochen. Schmand und Getränkepulver unterrühren. Die Mandarinen etwas zerschneiden oder halbieren und auch in den Pudding rühren. Etwas Grieß auf den ausgerollten Teig streuen und die Mandarinenmasse löffelweise darüber verteilen.

Zerlassene Butter, Zucker, Kokosraspel und Mehl zu Streuseln verkneten und über die Mandarinenmasse streuen. Den Kuchen backen. Abgekühlt mit Staubzucker besieben.

Backzeit: 25–30 Minuten
Backhitze: 180 °C

Tipp: Wer einen kräftigen gelben, aromatischen Orangensaft hat, braucht kein Getränkepulver.

Ein saftiger Knusperkuchen.

Für 1 Backblech 25 cm x 25 cm

Teig:
- 75 g Margarine
- 50 g Zucker
- 1 Ei
- 1 Prise Salz
- 1 Pck. Vanillezucker
- 175–200 g Mehl
- 1 gestr. TL Backpulver

Belag:
- 2 Dosen Mandarinen
- 250 ml Abtropfsaft oder Orangensaft
- 1 Pck. Soßenpulver Vanillegeschmack
- 2 TL Speisestärke
- 100 ml Schmand
- 2–3 EL Getränkepulver Orangengeschmack
- Grieß
- Staubzucker zum Bestreuen

Streusel:
- 75 g Butter
- 30 g Zucker
- 75 g Kokosraspel
- 75 g Mehl

MANDEL-GRÜTZE-KUCHEN

Aus den Teigzutaten einen Mürbeteig kneten und auf die Hälfte eines gefetteten Backlechs oder in einer Springform ausrollen.

Margarine mit Zucker und Honig zusammen zerlassen, Mandeln und Bittermandelöl unterrühren. Abkühlen lassen und die Eier untermischen. Alles auf den ausgerollten Mürbeteig streichen und backen.

Von Wasser, den beiden Päckchen Grütze, Zucker und Zitronensaft einen straffen Pudding kochen. Auskühlen und etwas quellen lassen. Dann vorsichtig über die ausgekühlte, schon etwas fest gewordene Mandelmasse streichen.

Für die Creme von Milch, Puddingpulver und Zucker einen Pudding kochen. Butter und Margarine cremig schlagen, den handwarmen Pudding löffelweise unterschlagen. Ist die Grütze fest geworden, kann die Creme darüber gestrichen werden. Mit Schokoblättchen oder -linien verzieren.

Backzeit: 20–25 Minuten
Backhitze: 180–200 °C

Tipp: Die feste Würfelmargarine wird nicht aus Sparsamkeit eingesetzt, sondern gibt der Creme Stabilität.

Für ½ Backblech oder 1 Springform 26 cm Ø

Teig:
- 175 g Mehl
- 100 g Butter
- 50 g Zucker
- 1 Ei

Mandelbelag:
- 100 g Margarine
- 50 g Zucker
- 50 g Honig
- 100 g gemahlene Mandeln
- ¼ Fläschchen Bittermandelöl
- 2 Eier

Grützebelag:
- 700 ml Wasser
- 1 Pck. Rote Grütze glatt
- 1 Pck. Rote Grütze mit Grieß
- 5–6 EL Zucker
- Saft von 1 Zitrone

Creme:
- 400 ml Milch
- 1 Pck. Puddingpulver Vanillegeschmack
- 2 EL Zucker
- 75 g Butter
- 75 g Margarine

Garnitur:
- Schokoblättchen

SCHOKO-KOKOS-KUCHEN

Ei und Zucker cremig schlagen. Schmand unterrühren. Öl zugeben. Kakao, Mehl, Salz und Backpulver gesiebt nach und nach unterrühren. Teig auf ein gefettetes Blech oder in eine Springform geben.

Für den Belag von Margarine bis Honig alles schmelzen und Kokosraspel unterrühren. Etwas abgekühlt die Eier unterrühren. Mit Bittermandelöl abschmecken. Die Kokosmasse löffelweise über den Teig verteilen. Backen.

Erkaltet eine leichte Vanillecreme darüber streichen: Dafür von Milch, Zucker, Vanillemark und Puddingpulver einen Pudding kochen. Butter und Margarine cremig schlagen. Den handwarmen Pudding löffelweise unterschlagen.

Mit zerlassener Bitterschokolade, die mit etwas Öl verrührt wird, die Kuchenoberfläche garnieren, sobald die Creme fest geworden ist..

Backzeit: 15–20 Minuten
Backhitze: 190–200 °C

Dieser Kuchen bleibt sehr lange frisch.

Teig:
- 1 kleines Ei
- 100 g Zucker
- 100 ml Schmand
- 2 EL Öl
- 1 gehäufter EL Kakao
- 100 g Mehl
- 1 Prise Salz
- 1 leicht gehäufter TL Backpulver

Belag:
- 100 g Margarine
- 50 g Butter
- 100 g Zucker
- 150 g Honig
- 100 g Kokosraspel
- 2 Eier
- Bittermandelöl

Creme:
- 400 ml Milch
- 1 Pck. Puddingpulver Vanillegeschmack
- 2 EL Zucker
- Mark von 1 Vanilleschote oder 1 Pck. Vanillezucker
- 80 g Butter
- 40 g feste Würfelmargarine
- Bitterschokolade
- etwas Öl

„TORFMULL"-KUCHEN

Weiche Margarine mit Zucker gut verschlagen, dann das Ei unterschlagen. Zitronenschale, Zimt und Kakao unterrühren. Mehl mit Natron vermischen und abwechselnd mit der sauren Sahne unter die Eimasse rühren. Auf die Hälfte eines gut gefetteten Blechs streichen und backen.

Backzeit: 20 Minuten / Backhitze: 180 °C

Tipp: Mit Schoko- oder Zitronenguss überziehen oder mit etwas angedicktem Eierlikör garnieren.

Das ist ein wollig-lockerer Kuchen, deshalb haben ihm die Thüringer diesen Namen gegeben. Er wird schon seit über 20 Jahren gebacken und ist schnell fertig.

Teig:

- 125 g Margarine
- 75 g Zucker
- 1 Ei
- 1 TL abgeriebene Schale von 1 unbehandelten Zitrone
- 1 TL Zimt
- 1 gestr. EL Kakao
- 175 g Mehl
- ½ Pck. Natron
- 200 ml saure Sahne oder Schmand

KROKANTKUCHEN

Eier mit Wasser und Zucker dickcremig schlagen. Mehl, Speisestärke und Backpulver unterheben. Auf einem Backblech backen.

Aus Milch, Puddingpulver und Zucker einen Pudding kochen. Butter und feste Margarine cremig schlagen und den handwarmen Pudding löffelweise unterschlagen. Alles auf den Biskuitboden verteilen.

Butter schmelzen, Mandelblättchen unterrühren, nun mit Zucker karamellisieren. Alles über die Creme streuen und mit zerlassener Bitterschokolade beträufeln.

Backzeit: 10–15 Minuten / Backhitze: 180–200 °C

Ein feiner Festtagskuchen.

Teig:

- 3 Eier
- 3 EL heißes Wasser
- 100 g Zucker
- 100 g Mehl
- 50 g Speisestärke
- 1 TL Backpulver

Belag:

- 400 ml Milch
- 1 Pck. Puddingpulver Vanillegeschmack
- 2 EL Zucker
- 100 g Butter
- 50 g Würfelmargarine

Krokantdecke:

- 2 EL Butter
- 200 g Mandelblättchen
- 2 EL Zucker
- 50 g Bitterschokolade

FEINE TORTEN FÜR JEDEN ANLASS

Bild linke Seite: Hexentorte
(Rezept Seite 140)

RÄTSELHAFTE HEXENTORTE

Für den hellen Biskuit Eier mit Wasser schaumig und mit Zucker dickcremig schlagen, Mehl mit Speisestärke und Backpulver vermischt langsam unterschlagen. In eine Tortenform füllen und backen.

Den dunklen Biskuitteig ebenso zubereiten, in eine zweite Tortenform füllen und backen. Die gebackenen Böden ein bis zwei Tage etwas feucht gestellt (siehe Tipp) ruhen lassen.

Nach ein bis zwei Tagen aus den angegebenen Zutaten einen festen Mürbeteig kneten und in einer gut gefetteten, mit Mehl bestäubten Tortenform backen.

Die Biskuit-Tortenböden in der Mitte quer durchschneiden und füllen. Dafür aus Milch, Zucker und Puddingpulver einen Pudding kochen. Butter mit Margarine cremig schlagen und den handwarmen Pudding unterschlagen. Diese Creme in drei Teile teilen. Einen Teil mit Lebensmittelfarbe kräftig rosa färben, den zweiten Teil grün. Der dritte Teil bleibt hell.

Den Mürbeteigboden auf eine Tortenplatte legen und mit der Hälfte der rosa Creme bestreichen, mit einem dunklen Biskuitboden bedecken. Darauf die Hälfte der grünen Creme streichen. Mit einem hellen Biskuitboden bedecken. Diesen mit der restlichen rosa Creme bestreichen, mit dem zweiten dunklen Boden bedecken. Mit dem Rest grüner Creme bestreichen und dann mit dem zweiten hellen Boden bedecken.

Einen Tortenring um die Torte legen und 3 bis 4 Stunden oder über Nacht im Kühlschrank kühl stellen, bis die Creme fest ist.

Danach die Torte herausnehmen und mit einem scharfen spitzen Messer einen breiten Kegel aus der

Für 1 Springform 26 cm Ø

Heller Biskuitteig:
- 3 Eier
- 2 EL Wasser
- 125 g Zucker
- 100 g Mehl
- 50 g Speisestärke
- ½ TL Backpulver

Dunkler Biskuitteig:
- 3 Eier
- 2 EL Wasser
- 125 g Zucker
- 100 g Mehl
- 30 g Speisestärke
- ½ TL Backpulver
- 1 geh. EL Kakao

Mürbeteig:
- 125 g Mehl
- 1 Msp. Backpulver
- 50 g Margarine
- 50 g Zucker
- 1 Eigelb

Füllung:
- 1 l Milch
- 4–5 EL Zucker
- 2 Pck. Vanillepuddingpulver
- 250 g Butter
- 100 g feste Würfelmargarine
- rosa und grüne Lebensmittelfarbe (je 1 Msp. Pulver in jeweils 1 TL Wasser auflösen)

Garnitur:
- 2–3 EL Aprikosenmarmelade
- Schokoraspel

Torte schneiden. Dabei einen äußeren Rand von ca. 2 cm stehen lassen. Das Messer so handhaben, dass die Messerspitze immer in der Mitte der Torte ist und der untere Mürbeteigboden beim Schneiden unversehrt bleibt!

Den Kegel vorsichtig aus der Torte heben und umgedreht wieder in die Torte setzen, so dass der Kegelboden nach unten in die Tortenmitte gesetzt wird. Nun die Kegelspitze mit der flachen Hand in die Tortenmitte drücken, sodass wieder eine glatte Oberfläche entsteht, diese mit der Marmelade bestreichen. Mit dem dritten hellen Cremeteil die Torte vollständig einstreichen. Auch die Tortenoberfläche mit Creme bestreichen oder mit Cremetupfen garnieren und nach Belieben mit Schokoraspeln bestreuen.

Mürbeteigboden
Backzeit: 10–15 Minuten
Backhitze: 180 °C

Biskuitböden
Backzeit: 20–25 Minuten
Backhitze: 180 °C

Tipp: Vor dem Füllen die Tortenböden, wenn nötig, oben glatt schneiden. Die Tortenböden sind ganz frisch zu steif. Am besten etwas feucht stellen. Sie dürfen nicht zu fest sein, da lassen sie sich schlecht in Form drücken. Auf keinen Fall die Tortenböden austrocknen lassen, sonst brechen sie.

Diese raffinierte Torte ist auf jeder Kaffeetafel ein Blickfang. Dabei ist die Zubereitung keine Hexerei!

KAKAO-KIRSCH-TORTE

Zucker mit den Eiern dickcremig schlagen. Mehl mit Backpulver und Speisestärke vermischt kurz unterschlagen. Zerlassene, fast erkaltete Butter (oder Margarine) kurz unterschlagen. Teig in einer Springform von 26 cm Ø gleichmäßig verteilen und backen. Nach dem Erkalten quer durchschneiden.

Aus Milch, 2 EL Zucker und Puddingpulver einen Pudding kochen. Margarine und Butter cremig schlagen und den handwarmen Pudding unterschlagen. Die Hälfte der Creme mit den gut abgetropften, halbierten, Kirschen vermischen. Auf einen Tortenboden streichen, den zweiten Boden aufsetzen, etwas andrücken.

Restliche Creme mit Kakao, Rum und 1 EL Zucker vermischen und auf die Tortenoberfläche streichen. Alles dick mit Schokoraspeln bestreuen.

Backzeit: 35–40 Minuten
Backhitze: 180 °C

Tipp: Die Kirschen müssen unbedingt auf dem Sieb nochmal gut ausgedrückt werden, damit die Creme nicht „matschig" wird.

Das war zu Omas Zeiten die „gute Torte".

Für 1 Springform 26 cm Ø

Teig:
- 125 g Zucker
- 4 Eier
- 100 g Mehl
- 1 gestr. TL Backpulver
- 100 g Speisestärke
- 50 g Butter

Belag:
- 400 ml Milch
- 3 EL Zucker
- 1 Pck. Vanillepuddingpulver
- 100 g Butter
- 75 g Margarine
- 2 EL Zucker
- 1 geh. EL Kakao
- 2–3 EL Rum
- 300 g Sauerkirschen aus dem Glas
- Raspelschokolade

MANDARINENTORTE „SUSANNE“

Aus den Zutaten einen Mürbeteig kneten und 1 Stunde kühl stellen. Dann nochmal durchkneten und ⅔ des Teiges auf einem Tortenblech ausrollen. Den Rest Teig zu einer Rolle formen und an den Springformrand drücken. Mit einer Gabel mehrmals einstechen.

Aus Milch, Zucker und Puddingpulver einen Pudding kochen und etwas abgekühlt den Schmand unterrühren. Auf dem Tortenboden verteilen und die Mandarinen darüber geben. Dann backen.

Aus Saft, Tortenguss und evtl. etwas Zucker einen Tortenguss herstellen und nach dem Erkalten über den Mandarinen verteilen.

Backzeit: ca. 60 Minuten
Backhitze: 180 °C

Feine, sehr cremige und leichte Torte.

Tipp: Wer mag, verziert die Tortenoberfläche vor dem Backen noch mit ein paar frischen Heidelbeeren.

Für 1 Springform 26 cm Ø

Teig:
- 175 g Mehl
- 1 Msp. Backpulver
- 50 g Zucker
- 1 Pck. Vanillezucker
- 1 Ei
- 100 g Margarine

Belag:
- 1 Pck. Vanillepuddingpulver
- 50 g Zucker
- 500 ml Milch
- 300 g Schmand
- 2 Dosen Mandarinen
- 250 ml Mandarinen-abtropfsaft
- 1 Pck. Tortenguss
- evtl. Zucker

APFEL-ORANGEN-TORTE

Zucker, Eier und weiche Margarine gut verschlagen. Mehl mit Backpulver vermischt allmählich unterschlagen. In eine Springform streichen. Apfelspalten mit Zucker und Zitronensaft vermischen und dicht über den Teig legen. Backen.

Aus Orangensaft, Zucker und Tortenguss einen Guss herstellen und über den erkalteten Tortenboden streichen. Ist der Guss fest geworden, eine Vanillecreme darüber streichen.

Dafür aus Milch, Zucker und Puddingpulver einen straffen Pudding kochen und noch handwarm mit dem cremig geschlagenen Butter-Margarine-Gemisch löffelweise zur Creme schlagen. Mit dem Kamm darüber fahren.

Schokolade und Butter schmelzen, verrühren und Kringel oder ein Gitter über die Torte spritzen. Wer mag, garniert die Torte mit Tupfen von Vanillecreme und Walnüssen.

Backzeit: 25–30 Minuten
Backhitze: 180–200 °C, untere Schiene

Tipp: Gibt man die zerlassene, erkaltete noch flüssige Schokolade in einen Gefrierbeutel, schiebt alles zu einer Ecke hin, schneidet nun ein winziges Loch in die Ecke, kann man jedes Gebäck problemlos bespritzen.

Für 1 Springform 26 cm Ø

Teig:
- 70 g Zucker
- 2 kleine Eier
- 70 g Margarine
- 150 g Mehl
- 1 TL Backpulver
- 500 g ganz dicke Apfelspalten von mürben Äpfeln
- 1 EL Zucker
- 3 EL Zitronensaft

Guss und Vanillecreme:
- 400 ml Blutorangensaft
- 2–3 EL Zucker
- 2 Pck. heller Tortenguss
- 350 ml Milch
- 2 EL Zucker
- 1 Pck. Puddingpulver
- 80 g Butter
- 40 g feste Würfelmargarine
- 70 g Bitterschokolade
- 20 g Butter

SCHWEDISCHE APFELTORTE

Eier mit Zucker dickcremig schlagen. Mehl, Speisestärke und Backpulver langsam unterschlagen und die zerlassene Margarine unterziehen. Den Boden backen.

Geschälte Äpfel grob in eine Schüssel raspeln und mit Zitronensaft und Zucker mit etwas Zitronenschale vermischen. Alles in einem Topf mit ½ Tasse Wasser zum Kochen bringen. Eier, Puddingpulver und ¼ Tasse Wasser verquirlen und in die kochende Apfelmasse rühren, bis alles dicklich ist. Butter unterrühren und auf den gebackenen Tortenboden streichen. Kühl stellen.

Sahne mit Sahnesteif und Vanillezucker steif schlagen. Die Torte mit der Schlagsahne und Raspelschokolade garnieren.

Backzeit: 20–25 Minuten
Backhitze: 180–200 °C

Für 1 Springform 26 cm Ø

Teig:
- 3 Eier (150–160 g)
- 100 g Zucker
- 100 g Mehl
- 25 g Speisestärke
- 1 gestrichener TL Backpulver
- 20 g zerlassene Margarine

Belag:
- 450–500 g grob geraspelte säuerliche Äpfel
- Saft und abgeriebene Schale von 1 unbehandelten Zitrone
- 125–150 g Zucker
- 2 Eier
- 1 Pck. Vanillepuddingpulver
- 50 g Butter

Dekor:
- 200 ml Schlagsahne
- 1 Pck. Sahnesteif
- 1 Pck. Vanillezucker
- Raspelschokolade

BIRNEN-SCHOKO-NUSS-TORTE

Margarine und Zucker kurz verschlagen, Eier nach und nach unterschlagen. Mit Kakao, Mehl, Backpulver und der Milch zu einer glatten Masse verschlagen. Gewürze, Schokolade und Nüsse unterrühren und zur reichlichen Hälfte in eine Springform geben. Die gut abgetropften Birnenhälften mit der Rundung nach oben auf dem Teig verteilen. Den übrigen Teig darüber streichen. Die Torte backen.

Erkaltet mit zerlassener abgekühlter Butter bepinseln und mit Staubzucker besieben oder einen frischen Zitronenguss darüber verteilen.

Backzeit: 50–60 Minuten / Hitze: 180 °C, mittlere Schiene

Eine feine, schnell zubereitete Sonntagstorte, die länger frisch bleibt.

Für 1 Springform 26 cm Ø

- 120 g Margarine
- 120 g Zucker
- 3 Eier
- 230 g Mehl
- ½ Pck. Backpulver
- 1 EL Kakao
- 75 ml Milch
- je 1 TL Zimt und Schale von 1 unbehandelten Zitrone
- 75 g gehackte Walnüsse
- 75 g gehackte Schokolade
- 1 Dose halbierte Birnen

BROMBEERCREMETORTE

Zucker, Eier und warmes Wasser dickcremig schlagen. Mehl, Backpulver und Speisestärke auf zweimal und nur kurz unterschlagen. Boden in der Springform backen.

Brombeeren mit Zucker und 125 ml Wasser kochen. 250 ml Saft abgießen für den Tortenguss. Restlichen Saft und Brombeeren durch ein Sieb drücken, damit 250 g Brombeermark entstehen. Das Fruchtmark mit Quark und 2 bis 3 EL Zucker mischen. Die im warmen Weinbrand aufgelöste Gelatine mit 3 EL Quarkmasse verrühren. Dann unter die restliche Quarkmasse schlagen. Kühl stellen.

Den Tortenboden nach 1 bis 3 Tagen in drei Teile schneiden. Das Oberteil mit der Schnittfläche nach oben in die Form zurückgeben. Mit roter Marmelade bestreichen und ⅓ Creme darüber streichen. Den zweiten Boden darüber legen und ebenfalls mit ⅓ Creme bestreichen. Den dritten Boden darüber legen und mit dem Rest Creme bestreichen.

Die 250 ml Brombeersaft mit Tortenguss und Zucker zu einem Guss kochen und über der fest gewordenen Creme verstreichen.

Backzeit: 35–40 Minuten
Backhitze: 180 °C, untere Schiene

Tipp: Mit etwas Schlagsahne garniert bekommt die Torte ein festliches Aussehen.

Für 1 Springform 26 cm Ø

Boden:
- 125 g Zucker
- 4 Eier (250–280 g)
- 4 EL Wasser
- 100 g Mehl
- ½ Pck. Backpulver
- 100 g Speisestärke

Füllung:
- 600 g Brombeeren
- 2 gehäufte EL Zucker
- 125 ml Wasser
- 350 g Quark (20 % Fett)
- 2–3 EL Zucker
- 6 EL Weinbrand
- 1 Pck. Gelatine
- 2–3 EL rote Marmelade
- 250 ml Brombeersaft
- 1 Pck. heller Tortenguss
- 1–2 EL Zucker

JOHANNISBEERTORTE

Ei mit der weichen Margarine und Zucker verrühren, Mehl mit Backpulver langsam unterrühren bzw. kneten. Den Teig auf einem Tortenblech ausrollen, einen etwas höheren Rand andrücken.

250 g frische Johannisbeeren mit ¼ l Wasser, Zucker und 1 Päckchen Rote Grütze verrühren und aufkochen. Auf den Mürbteigboden streichen.

Aus Milch, Zucker und Puddingpulver einen Pudding kochen. Den Vanillezucker, den Rum, Schmand und Eigelb flott unterrühren. Über der etwas fest gewordenen Johannisbeermasse verteilen und backen.

Die übrigen 250 g Johannisbeeren mit Wasser kurz aufkochen und etwas durch ein Sieb drücken, es sollen 300 g Fruchtmark entstehen. 100 g davon wegnehmen und die Gelatine darin auflösen, mit den übrigen 200 g Fruchtmark vermischen. Wird der Brei etwas dicklich, das mit Zucker steif geschlagene Eiweiß unterziehen. Diesen schönen rosa Guss über die erkaltete Torte streichen.

Backzeit: 25–30 Minuten
Backhitze: 190 °C, untere Schiene

Eine angenehm erfrischende Sommertorte, die auch sehr schön aussieht.

Für 1 Springform 26 cm Ø

Boden:
- 1 Ei Größe M (50–60 g)
- 60 g Margarine
- 80 g Zucker
- 170 g Mehl
- 1 gestrichener TL Backpulver

Belag:
- 500 g frische oder gefrostete Johannisbeeren
- ¼ l Wasser
- 1 Pck. Rote Grütze glatt
- 500 ml Milch
- 1 Pck. Puddingpulver
- 3 EL Zucker
- 2 Pck. Vanillezucker
- 2 EL Rum
- 250 g Schmand
- 1 Eigelb
- 100 ml Wasser
- 1 Eiweiß
- 2 gehäufte EL Zucker
- 1 Pck. Gelatine

SAUERKIRSCHTORTE „MARIANNE“

Eier mit Zucker dickcremig schlagen. Mehl, Kakao und Backpulver unterschlagen. Mit Milch und grob gehackten Walnüssen verrühren. ⅔ der gut abgetropften Kirschen darüber verteilen und backen.

Aus dem Abtropfsaft, Zucker und der Roten Grütze einen Pudding kochen und die restlichen Kirschen einrühren.

Sahne mit Sahnesteif und Vanillezucker zu einer festen Masse schlagen und auf der Torte verteilen, die erkaltete Pudding-Kirschmasse vorsichtig über die Sahneschicht streichen.

Backzeit: 15–20 Minuten
Backhitze: 180 °C

Knackig, sahnig und sehr fruchtig als unkomplizierte Festtagstorte sehr zu empfehlen.

Für 1 Springform 26 cm Ø

Teig:
- 2 Eier
- 100 g Zucker
- 100 g Mehl
- 1 gehäufter EL Kakao
- 1 TL Backpulver
- 2 EL Milch
- 50 g grob gehackte Walnüsse

Belag:
- 1 Glas Sauerkirschen
- 400 ml Abtropfsaft
- 3 EL Zucker
- 1 Pck. Rote Grütze glatt
- 400 ml Schlagsahne
- 3 Pck. Sahnesteif
- 3 Pck. Vanillezucker

vorn im Bild Johannisbeertorte, hinten Sauerkirschtorte „Marianne“

ERDBEER-QUARK-TORTE

Die Eier trennen. Eigelb mit 50 g Zucker und Zitronensaft verschlagen. Quark und zerlassene Butter unterrühren. Grieß und Backpulver zugeben. Eiweiß mit restlichem Zucker steif schlagen und unterziehen. Den Boden in der gefetteten Springform backen. In der abgestellten Röhre noch 15 Minuten stehen lassen. Die Quarktorte setzt sich etwas, wobei ein kleiner Rand entsteht.

Die Erdbeeren ganz dicht (große halbieren) auf dem Boden verteilen. Traubensaft mit etwas Stärke binden und darüber verteilen oder einen Tortenguss Erdbeergeschmack darüber geben.

Backzeit: 30–35 Minuten
Backhitze: 180 °C

Tipp: Statt mit Erdbeeren kann man diese Torte auch mit beliebigen anderen frischen Früchten (Blaubeeren, Himbeeren usw.) belegen.

Eine schnelle und aromatische Torte, die am gleichen Tag angeschnitten werden kann, aber auch Tage später nichts an Frische verloren hat.

Für 1 Springform 26 cm Ø

Teig:
- 3 Eier
- 100 g Zucker
- 2 EL Zitronensaft
- 500 g trockener Quark
- 75 g zerlassene Butter
- 75 g Grieß
- ½ Pck. Backpulver

Belag:
- 500 g frische Erdbeeren
- ¼ l roter Traubensaft
- 1 gehäufter EL Speisestärke

MOHN-STREUSEL-TORTE

Die Zutaten für die Streusel verkneten.

Für die Füllung aus Milch, Zucker, Grieß und Puddingpulver einen straffen Pudding kochen und den Mohn einrühren. Alle Gewürze, das Ei und die gut abgetropften klein gewürfelten Aprikosen unter die Masse rühren.

Zwei Drittel vom Streuselteig in eine Springform krümeln und etwas breit drücken. Die Mohnmasse darüber verteilen und die übrigen Streusel darüber streuen. Die Torte backen.

Die Kuvertüre in heißem Öl langsam schmelzen und mit einem Teelöffel dünne Fäden über die erkaltete Torte ziehen.

Backzeit: 45–50 Minuten
Backhitze: 200 °C, untere Schiene

Für 1 Springform 26 cm Ø

Streuselteig:
- 300 g Mehl
- 175 g Margarine
- 150 g Zucker
- 2 Pck. Vanillezucker
- 1 TL Zimt
- 1 Ei
- 1 gehäufter TL Backpulver

Füllung:
- 750 ml Milch
- 3 EL Zucker
- 1 EL Grieß
- 2 Pck. Vanillepuddingpulver
- 200 g gemahlener Mohn
- 1 TL Zimt
- 1 Prise Salz
- 1 EL Zitronensaft
- 1 gehäufter TL Schale von 1 unbehandelten Zitrone
- 1 Ei
- 1 kleine Dose Aprikosen
- 50 g Vollmilchschokoladenkuvertüre
- 2 TL Öl

SACHERTORTE

Die Eier trennen. Eigelb mit 75 g Zucker cremig schlagen. Mehl, Backpulver und Kakao unterschlagen. Nun die zerlassene Butter und Schokolade lauwarm unterschlagen. Eiweiß mit dem restlichen Zucker steif schlagen und ⅓ vom Eischnee mit der Schokomasse schön glatt rühren. Den Rest Eischnee unterheben. Teig in eine Springform füllen und backen.

Nach 1 bis 3 Tagen den Tortenboden quer durchschneiden und mit der heißen mit Rum vermischten Marmelade füllen. Die übrige Rum-Marmelade auf die Oberfläche und den äußeren Rand der Torte streichen.

Schokolade mit Butter langsam im Wasserbad schmelzen. Erkalten lassen und nochmals leicht erwärmen. Dann die glatte krümelfreie Oberfläche und die Seiten mit Hilfe eines Messers mit der Schokolade überziehen.

Backzeit: 40–50 Minuten
Hitze: 170–180 °C

Tipp: Schokolade nicht über 40 °C erwärmen, sonst geht der Glanz verloren. Zweimal erwärmen wirkt sich günstig auf einen schönen Glanz aus.

Das Originalrezept dieser Torte wird wohl niemand erfahren. Versuche, diese weltberühmte Torte nachzuahmen, gibt es überall. Mein Rezept ist auch nur ein Versuch – ein bescheidener, aber sehr wohlschmeckender.

Für 1 Springform 26 cm Ø

- 6 Eier (400–450 g)
- 150 g Zucker
- 150 g Mehl
- 1 TL Backpulver
- 2 EL Kakao
- 100 g zerlassene Butter
- 100 g zerlassene Bitterschokolade
- 350 g Aprikosenmarmelade
- 3 EL Rum
- 150 g Bitterschokolade
- 30 g Butter

SCHWARZWÄLDER KIRSCHTORTE

Eier mit Wasser und Zucker dickcremig schlagen. Mehl, Speisestärke, Kakao und Backpulver langsam und nur kurz unterschlagen. Teig in eine Springform füllen, glattstreichen und backen.

Kirschen gut abtropfen lassen, Saft auffangen. Aus Kirschsaft, Soßenpulver und Speisestärke einen Pudding kochen und mit den Kirschen und der Hälfte des Kirschwassers verrühren. Den Tortenboden einmal quer durchschneiden und die Kirschmasse auf die Schnittfläche der oberen Hälfte verteilen.

Schlagsahne mit Sofortgelatine und Vanillezucker vermischt ganz steif schlagen und über die Kirschmasse streichen. Die Schnittfläche der Deckplatte mit restlichem Kirschwasser tränken und auf die Sahneschicht legen. Die glatte Oberfläche dünn mit Kirschkonfitüre bestreichen. Die mit Sahnesteif und Vanillezucker steif geschlagene Sahne zur reichlichen Hälfte auf der Konfitüre und dem äußeren Rand verstreichen.

Sahnetupfer auf jedes Stück spritzen und eine Belegkirsche darauf legen. Die Tortenmitte dick mit Schokospänen oder Raspelschokolade bestreuen.

Backzeit: 30–35 Minuten
Backhitze: 180 °C

Tipp: Schokospäne kann man leicht selbst herstellen. Einfach mit einem scharfen Messer dünne zerbrechliche Streifen von Schokolade oder Kuvertüre abschneiden.

Die allen bekannte und sehr beliebte wunderbare Festtagstorte in einfacher, unkomplizierter Zubereitungsart.

Für 1 Springform 26 cm Ø

Boden:

- 4 Eier
- 4 EL heißes Wasser
- 130 g Zucker
- 70 g Mehl
- 70 g Speisestärke
- 2 EL Kakao
- 1 TL Backpulver

Belag:

- 1 Glas Sauerkirschen
- 250 ml Abtropfsaft
- 1 Pck. Soßenpulver
- 1 gehäufter TL Speisestärke
- 10 EL Kirschwasser
- 400 ml Schlagsahne
- 6 gehäufte TL Sofortgelatine
- 2 Pck. Vanillezucker
- 2 EL Kirschkonfitüre
- 200 ml Schlagsahne
- 1 Pck. Sahnesteif
- 1 Pck. Vanillezucker
- 16 Belegkirschen
- 50 g Schokospäne

STACHELBEER-SCHNEE-TORTE

Frische oder gefrostete Stachelbeeren in kochendes Wasser geben und 5 Minuten ziehen lassen. Für den Boden die Eier mit Wasser und Zucker dickcremig schlagen. Mehl mit Backpulver langsam unterschlagen. Die zerlassene abgekühlte Margarine unterziehen. Die Masse in eine Springform füllen und backen.

Inzwischen 250 ml Milch mit Salz, Zucker, Vanillezucker und Butter aufkochen. Rest Milch mit Puddingpulver und den 2 Eigelb verquirlen, in die kochende Milch rühren. Kurz aufkochen, vom Feuer nehmen und die gut abgetropften Stachelbeeren unterrühren.

Den erkalteten Tortenboden gleich im Ring mit der Fruchtmasse belegen. Die Masse so auf den Boden streichen, dass sie in der Mitte etwas höher ist. Eiweiß mit Zucker ganz steif schlagen und die etwas kuppelförmige Torte damit überziehen. Mit einem Teelöffel ringsum kleine Dellen eindrücken. Die Torte im heißen Ofen nun backen, bis die Ränder vom Eischnee leicht gebräunt sind.

Boden
Backzeit: 15–20 Minuten
Backhitze: 180 °C

Torte
Backzeit: 10–15 Minuten
Backhitze: 180–200 °C

Tipp: Der Tortenboden kann bereits am Vortag gebacken werden. Die Torte kann auch mit Ring in der Form gefüllt und gebacken werden, sie sieht nur im Anschnitt nicht so raffiniert aus.

Für 1 Springform 26 cm Ø

Boden:

- 2 Eier
- 2 EL heißes Wasser
- 70 g Zucker
- 30 g Margarine
- 125 g Mehl
- 1 gestrichener TL Backpulver

Belag:

- 500 ml Milch
- 1 Prise Salz
- 1 gehäufter EL Zucker
- 1 Pck. Vanillezucker
- 50 g Butter
- 1 Pck. Puddingpulver Vanillegeschmack
- 2 große Eigelb
- 300 g Stachelbeeren
- 2 große Eiweiß
- 75 g Zucker

TIRAMISU-TORTE

Für 1 Springform 26 cm Ø

Boden:
- 3 Eier (ca. 200 g)
- 3 EL heißes Wasser
- 120 g Zucker
- 70 g Speisestärke
- 70 g Mehl
- 20 g Kakao
- 1 TL Backpulver

Füllung:
- 2 Eigelb
- 70 g Staubzucker
- 200 g Frischkäse
- 200 g Magerquark
- 125 ml Amarettolikör
- 50 ml starker Kaffee (2 TL Pulver auf ½ Tasse Wasser)
- 1 Pck. Gelatine
- 1 Pck. Sahnesteif
- 1 Pck. Vanillezucker
- 200 ml Schlagsahne
- 1 Eiweiß
- 30 g Zucker
- 2 EL Kakao

Für den Boden die Eier mit Zucker und Wasser dickcremig schlagen, Mehl, Speisestärke, Kakao und Backpulver kurz unterschlagen. Die Masse in einer Springform verteilen und auf unterer Schiene backen.

Eigelb mit Staubzucker zu einer dicken Creme schlagen. Frischkäse und Magerquark unterschlagen. Likör und Kaffee mischen.

Tortenboden quer durchschneiden. Beide Böden mit der halben Menge Flüssigkeit tränken. Den Rest erwärmen und die Gelatine darin auflösen. Mit 3 EL Quarkmasse vermischen. Nun flott und gründlich unter die gesamte Quarkmasse schlagen. Vor Gelierbeginn die mit Sahnesteif und Vanille geschlagene Sahne und das mit Zucker steif geschlagene Eiweiß unterziehen.

Die Torte mit der Masse füllen (vorher Tortenring umlegen). Die übrige Masse auf die getränkte Oberfläche streichen. Vor dem Servieren dick mit Kakao besieben.

Backzeit: 25–30 Minuten
Backhitze: 180 °C, untere Schiene

Tipp: Wenn Tortencremes mit Gelatineanteil gelingen sollen, muss folgendes beachtet werden: Die in wenig Flüssigkeit in 5 bis 10 Minuten vollständig aufgelöste Gelatine muss erst mit wenig Creme (ca. 3 EL) verrührt werden, bevor sie mit der gesamten Creme vermischt wird. Nur so kann sich die klümpchenfreie Creme mit der geschlagenen Sahne verbinden und alles gut auflockern.

Aromatische, gut aussehende, locker-leichte Torte.

ANANASTORTE

Das Ei mit Zucker, Butter und Vanillezucker verrühren, Mehl mit Backpulver und Salz unterrühren bzw. kneten. Teig auf einem gefetteten Tortenblech ausrollen. Grieß darüber streuen und andrücken.

Ananasscheiben gut abtropfen lassen, den Saft auffangen. Aus Ananassaft und Puddingpulver einen Pudding kochen und löffelweise über dem Grieß verteilen. Die Ananasscheiben in Würfel schneiden und dicht darüber legen.

Schmand mit Eiern, Zucker und Zitronensaft (evtl. auch Zitronenschale) verquirlen, über der Ananasschicht verteilen und breitstreichen. Mit Mandelblättchen und Rosinen bestreuen.

Backen, bis die Oberfläche leicht gebräunt ist.

Backzeit: 40–45 Minuten
Backhitze: 180–190 °C

Für 1 Springform 26 cm Ø

Teig:
- 1 Ei
- 100 g Zucker
- 125 g Butter
- 1 Pck. Vanillezucker
- 200 g Mehl
- ¼ TL Backpulver
- ¼ TL Salz

Belag:
- 2 EL Grieß
- 1 Dose Ananas (9 Scheiben)
- 350 ml Ananassaft
- 1 Pck. Puddingpulver Vanillegeschmack
- 200 ml Schmand oder Crème fraîche
- 3 Eier
- 75 g Zucker
- 4 EL Zitronensaft
- 50 g Mandelblättchen
- 50–75 g Rosinen

APRIKOSENTORTE VON FRISCHEN APRIKOSEN

Ei, Zucker und Margarine mit Mehl, Salz und Backpulver verrühren bzw. verkneten und 1 Stunde kalt stellen. Dann in einer gefetteten Springform (26 cm Ø) ausrollen.

Eier mit Frischkäse, Zucker und Soßenpulver verrühren, die Sahne zugeben und alles zu einer glatten Masse rühren.

Aprikosen waschen, halbieren und entkernen. Den ausgerollten Teig mit Semmelbrösel bestreuen und die halbierten Früchte mit der Rundung nach oben auflegen. Die Eier-Frischkäse-Masse darüber gießen. Backen.

Backzeit: 50–60 Minuten
Backhitze: 180–200 °C

Für 1 Springform 26 cm Ø

Teig:
- 1 Ei
- 2 EL Zucker
- 50 g Margarine
- 150–175 g Mehl
- 1 Prise Salz
- ½ TL Backpulver

Belag:
- 2 Eier
- 300 g Frischkäse
- 2 EL Zucker
- 1 Pck. Soßenpulver Vanillegeschmack
- 200 ml Sahne
- 2 EL Grieß oder Semmelbrösel
- 500–600 g Aprikosen

KNUSPRIGE APRIKOSENTORTE

Aus Zucker, zerlassenem Fett, Mehl, Backpulver und Kakao einen ziemlich festen Streuselteig kneten und ganz große Streusel in die Springform zupfen. Backen.

Quark mit Zitronensaft, Zucker und Marmelade verrühren. Die in der Milch aufgelöste Gelatine gut unterrühren. Sahne mit Vanillezucker und Sahnesteif steif schlagen und mit dem Quark vorsichtig mischen. Auf den erkalteten Tortenboden streichen und fest werden lassen.

Trockenaprikosen mit Zitronensaft und Zucker einige Stunden vor dem Backen oder über Nacht gut einweichen (Trockenfrüchte vorher gut waschen). Nun kochen, bis die Früchte weich sind und dann mit dem Mixstab pürieren.

Götterspeise mit 300 ml Wasser und Zucker zubereiten und mit dem Aprikosenpüree verrühren. Das Püree auf der festgewordenen Quarkschicht verstreichen.

Backzeit: 25–30 Minuten
Backhitze: 180 °C

Diese fruchtige Torte mit Knusperstreuseln und sahniger Quarkcreme sieht sehr schön aus und schmeckt wunderbar.

Für 1 Springform 26 cm Ø

Teig:
- 150 g Zucker
- 150 g Margarine oder Butter
- 175–200 g Mehl
- ½ TL Backpulver
- 2 EL Kakao

Füllung:
- 300 g Magerquark
- 1 EL Zitronensaft
- 2 EL Zucker
- 1 EL Aprikosenmarmelade
- 100 ml Milch
- 1 Pck. Gelatine
- 400 ml Sahne
- 2 Pck. Vanillezucker
- 2 Pck. Sahnesteif

Belag:
- 200 g Trockenaprikosen
- 2 EL Zitronensaft
- 2 EL Zucker
- ½ Pck. Aprikosengötterspeise
- 2 EL Zucker

ERDBEERTORTE SEHR FEIN

Den Boden 1 Tag vorher backen. Eier mit Zucker aufschlagen, Wasser zugeben und alles schlagen, bis eine cremige Masse entstanden ist. Mehl, Speisestärke und Backpulver ganz langsam und vorsichtig mit der zerlassenen Butter unterschlagen. Teig in die Form geben und backen.

Quark mit 50 g Zucker, Zitrone und Eigelb und dann mit der zerlassenen Butter verrühren. Gelatine in 200 ml warmem Wasser auflösen und mit 3 EL Quarkmasse schnell verrühren. Nun alles flott mit dem großen Rest Quarkmasse vermischen. Die restlichen 100 g Zucker mit dem Eiweiß steif schlagen und mit einem Holzlöffel vorsichtig unter die Quarkmasse heben.

Den gebackenen Tortenboden am nächsten Tag quer durchschneiden und die untere Platte mit Marmelade bestreichen. Die großen halbierten Erdbeeren dicht auflegen und die Quarkcreme darüber streichen.

Den zweiten Boden darüber legen und mit einem Erdbeerguss bestreichen. Den Tortenrand ringsum mit gehackten Mandeln verzieren.

Für den Guss die Erdbeeren mit Zucker pürieren. Tortenguss mit Wasser verrühren, zum Erdbeerpüree geben und alles unter Rühren gut durchkochen.

Backzeit: ca. 20–25 Minuten
Backhitze: 180 °C

Das ist eine besonders feine, etwas höhere Obsttorte, die wunderbar schmeckt und tagelang frisch bleibt.

Für 1 Springform 26 cm Ø

Teig:

- 3 Eier
- 2 EL warmes Wasser
- 125 g Zucker
- 100 g Mehl
- 50 g Speisestärke
- ½ TL Backpulver
- 50 g zerlassene Butter

Belag:

- 400 g Magerquark
- 150 g Zucker
- Schale und Saft von 1 unbehandelten Zitrone
- 3 Eigelb
- 100 g Butter
- 200 ml Wasser
- 1 ½ Pck. Gelatine
- 3 Eiweiß
- 2 EL rote Marmelade
- 500 g möglichst große Erdbeeren
- Mandelblättchen oder gehackte Mandeln

Erdbeerguss:

- 200 g Erdbeeren
- 1–2 EL Zucker
- 1 Pck. roter Tortenguss
- 100 ml Wasser

ORANGEN-ZITRONEN-TORTE

Alle Zutaten von Mehl bis Wasser rasch zu einem Mürbeteig kneten (zu langes Kneten macht den Teig bröselig). 30 Minuten kalt stellen. Dann Teig in der Springform ausrollen, backen.

Für die Biskuitböden Eier mit Zucker kurz verschlagen und mit heißem Wasser dickcremig schlagen. Mehl, Backpulver und Speisestärke allmählich unterziehen. Den Teig teilen. Eine Hälfte in die Tortenform (26 cm Ø) streichen und backen. Die andere Teighälfte mit Kakao und 1 Esslöffel Wasser verrühren, ebenfalls backen.

Die Kuvertüre mit der Nougatcreme langsam schmelzen. Die Butter cremig rühren und mit der abgekühlten Schokomasse verrühren. Auf den Mürbeteig streichen. Den hellen Biskuitboden darüber legen.

Orangen- und Zitronensaft mit Wasser auf 700 ml auffüllen. Zucker und Soßenpulver vermischen und mit der Flüssigkeit einen straffen gelben Pudding kochen. Butter und Margarine cremig schlagen, den handwarmen Pudding nach und nach unterziehen. Ein Drittel der Creme auf den hellen Boden streichen. Den dunklen Boden darauflegen und mit einem weiteren Drittel Creme bestreichen.
Den Rest der Creme für Tortenrand und Garnitur verwenden. Die Torte zusätzlich z.B. mit Mandarinenscheibchen dekorieren.

Mürbeteig Backzeit: 10 Minuten
Backhitze: 190 °C

Biskuitboden hell Backzeit: 15–20 Minuten
Backhitze: 190 °C

Biskuitboden dunkel Backzeit: 15–20 Minuten
Backhitze: 190 °C

Für 1 Springform 26 cm Ø

Mürbeteig:
- 150 g Mehl
- ½ TL Backpulver
- 75 g Margarine
- 75 g Zucker
- 1 Eigelb
- 1 EL Wasser

Biskuitböden:
- 4 Eier
- 150 g Zucker
- 2 EL heißes Wasser
- 125 g Mehl
- 1 TL Backpulver
- 50 g Speisestärke
- 1 gestr. EL Kakao

1. Füllung:
- 75 g Kuvertüre
- 100 g Nougatcreme
- 75 g Butter

2. Füllung:
- Saft von 3 Orangen und 3 Zitronen
- 4 Pck. Soßenpulver Vanillegeschmack
- 4–5 EL Zucker
- 225 g Butter
- 80 g Margarine

STRUWWELPETERTORTE MIT CAPPUCCINOCREME

Eigelb und Zucker cremig schlagen. Gemahlene Nüsse sowie Mehl mit Backpulver unterrühren. 50 g Schokostreusel unterrühren. Das mit dem Zucker steif geschlagene Eiweiß unterheben. Den Teig in die Form geben und backen.

Erkaltet ca. 1 cm von der oberen Schicht abschneiden. Von Milch, Zucker und Puddingpulver einen Pudding kochen und das Hartfett einrühren. Butter und Margarine cremig schlagen und den Pudding löffelweise unterschlagen. Cappuccinopulver unterrühren.

Marmelade auf den Tortenboden streichen und die Creme darüber verteilen. Die abgeschnittene obere Schicht vom Tortenboden zerkrümeln und über die Creme streuen. Ganz dünn Staubzucker über die Oberfläche stäuben.

Backzeit: 35–40 Minuten
Backhitze: 180 °C

Eine schnelle, aber sehr leckere Torte.

Tipp: Wenn es schneller gehen soll, 400 ml Schlagsahne statt der Cappuccinocreme in die Torte füllen, dann ist sie aber nicht so lange haltbar wie mit der Creme.

Für 1 Springform 26 cm Ø

Teig:
- 5 Eigelb
- 50 g Zucker
- 150 g gemahlene Nüsse
- 50 g Mehl
- 1 Pck. Backpulver
- 50 g Schokostreusel
- 5 Eiweiß
- 75 g Zucker

Füllung:
- 400 ml Milch
- 1 gestr. EL Zucker
- 1 Pck. Puddingpulver
- 25 g Hartfett
- 100 g Butter
- 25 g Margarine
- 4 EL Cappuccinopulver mit Kakao
- 3–4 EL Marmelade

ZITRONEN-SAHNECREME-TORTE

Teig:
- 4 Eier (250–270 g)
- 160 g Zucker
- 80 g Mehl
- 80 g Speisestärke
- 1 gestr. TL Backpulver
- 2 Tropfen rote Kuchenfarbe

Füllung:
- 2 Eier
- 6 geh. EL Zucker
- 1 Pck. Zitronenpuddingpulver
- 350 ml Wasser
- abgeriebene Schale von 1 unbehandelten Zitrone
- 10 EL Zitronensaft
- 1 ½ Pck. Gelatine
- 400 ml Schlagsahne
- 3 EL Aprikosenkonfitüre
- 1 Pck. Sahnesteif
- 1 Pck. Vanillezucker
- Staubzucker

Eier mit Zucker dickcremig schlagen. Mehl, Speisestärke und Backpulver kurz unterschlagen, mit wenigen Tropfen Kuchenfarbe zartrosa färben und backen. Nach 2 bis 3 Tagen die Torte quer durchschneiden (oder 2 dünne Böden backen).

Die Eier trennen. 2 EL Zucker, Puddingpulver und Eigelb in ca. 125 ml Wasser verquirlen und mit dem Rest Wasser und der Zitronenschale einen Pudding kochen. Die im heißen Zitronensaft aufgelöste Gelatine gut unter den heißen Pudding rühren.

Das mit 4 EL Zucker steifgeschlagene Eiweiß ebenfalls in die heiße Masse rühren. Die mit Sahnesteif und Vanillezucker steif geschlagene Sahne unter die erkaltete Masse ziehen.

Den untersten Tortenboden mit der Aprikosenkonfitüre dünn bestreichen und die Zitronencreme darüber geben. Den zweiten Boden in 16 Stücke teilen und darüber legen (so quillt beim Schneiden nichts heraus). Die Torte dick mit Staubzucker besieben. Gut kühlen.

Alles geht nur mit Tortenring und Kühlschrank.

Backzeit: 35–40 Minuten
Backhitze: 180 °C, untere Schiene

Eine locker-leichte und erfrischende Sommertorte. Anfang der 1960er Jahre gab es wenig frisches Obst zum Sommeranfang. Um eine festliche Torte für die schon heißen Tage zu haben, experimentierte ich und „erfand" diese leichte Sommertorte – sie hat sich bis heute bewährt.

NUSSTORTE MIT SCHOKOSAHNE (MÄNNERTORTE)

Für 1 Springform 26 cm Ø

Teig:
- 75 g Margarine oder Butter
- 100 g Zucker
- 3 Eier
- 1 Prise Salz
- 125 g Quark (20 %)
- 100 g Nougatcreme
- 150 g gemahlene Nüsse
- 100 g Mehl
- reichlich ½ Pck. Backpulver

Schokosahne:
- 100 g Bitterkuvertüre oder Bitterschokolade
- 250 ml Sahne

Margarine mit Zucker schlagen. Eier und Salz unterziehen. Den Quark etwas ausdrücken und zusammen mit der weichen Nougatcreme, Nüssen, Mehl und Backpulver unterschlagen. Den Teig in der gefetteten Springform backen.

Schokolade kleinhacken und mit der Sahne erhitzen. Rühren, bis alles glatt ist. 2 bis 3 Stunden oder auch über Nacht in den Kühlschrank stellen.

Diese gekühlte Masse aufschlagen, bis alles dick und cremig ist (2 bis 3 Minuten). Einen Teil von der Schokosahne auf die Tortenoberfläche streichen. Mit dem Rest Schokotupfen auf die Torte spritzen.

Zum Schluss mit Schokoraspeln garnieren.

Backzeit: 30–35 Minuten
Backhitze: 175–180 °C

Eine saftige, etwas herbe Torte.

WEINBRANDTORTE

Eier, Wasser und Zucker dickcremig schlagen. Mehl, Speisestärke und Backpulver vorsichtig und langsam kurz unterschlagen. Teig in die Tortenform füllen und backen.

Am nächsten Tag den Boden quer durchschneiden. Den Unterboden mit Marmelade bestreichen. Den oberen Boden zerkrümeln. Butter und Zucker cremig schlagen, Nüsse, Weinbrand und die Krümel gut unterrühren. Ist die Masse zu fest, noch etwas Weinbrand oder Rum zugeben und evtl. noch verkneten. Auf die Marmelade streichen.

Als Garnitur gibt man auf die Torte Zitronen- oder auch Schokoladenkringel. Dafür etwas Puderzucker mit Zitronensaft und zerlassenem Hartfett verrühren oder nur zerlassene Bitterschokolade oder Kuvertüre zum Verzieren verwenden.

Backzeit: 20–25 Minuten
Backhitze: 180–200 °C

Eine feine Torte, die sich länger hält.

Für 1 Springform 26 cm Ø

Teig:
- 3 Eier
- 2 EL heißes Wasser
- 100 g Zucker
- 100 g Mehl
- 75 g Speisestärke
- 1 TL Backpulver

Belag:
- 3–4 EL rote Marmelade
- 100 g Butter
- 75 g Zucker
- 100 g gemahlene Nüsse
- 100 ml Weinbrand
- Krümel

Zum Verfeinern:
- Puderzucker
- Zitronensaft
- 1 TL zerlassenes Hartfett
- Bitterschokolade oder Kuvertüre

SCHNELLE BIRNENTORTE

Butter mit Zucker cremig schlagen. Eier nach und nach unterschlagen. Mehl mit Backpulver, Salz und Zitronenschale vermischen und zugeben. Birnenhälften gut abgetropft mit der Wölbung nach oben auf den Teig legen und backen.

Noch heiß mit heißer Marmelade bepinseln.

Erkaltet eine Zitronengötterspeise nach Vorschrift mit Birnensaft zubereiten und darüber verteilen. Die Torte kann noch mit Sahne garniert werden.

Backzeit: 30–35 Minuten / Backhitze: 175 °C

Eine feine erfrischende Torte.

Für 1 Springform 26 cm Ø

Teig:
- 125 g Butter oder Margarine
- 100 g Zucker
- 3 Eier
- 125 g Mehl
- 1 leicht gestrichener TL Backpulver
- 1 Prise Salz
- abgeriebene Schale von 1 unbehandelten Zitrone
- 1 Dose Birnenhälften
- Birnenabtropfsaft
- Aprikosenmarmelade
- 1 Pck. Zitronengötterspeise

KIRSCHTORTE

Alle Zutaten für den Tortenboden mit dem Rührgerät gut verrühren, in die Springform geben und backen.

Frischkäse mit Staubzucker und Zitronensaft verrühren und auf den erkalteten Boden streichen. Schlagsahne mit Sahnesteif und Vanillezucker steif schlagen und über den Frischkäse geben. Die gut abgetropften Kirschen darauf verteilen. Kirschabtropfsaft mit Wasser oder rotem Saft auf 500 ml auffüllen, mit dem Tortengusspulver einen Guss nach Vorschrift herstellen und auf der Torte verteilen.

Backzeit: 25–30 Minuten
Backhitze: 175 °C

Für 1 Springform 26 cm Ø

Teig:
- 3 Eier
- 100 g Zucker
- 150 g gemahlene Walnüsse
- 2 geh. EL Mehl
- 1 TL Backpulver

Belag:
- 300 g Frischkäse
- 70 g Staubzucker
- 3 EL Zitronensaft
- 400 ml Schlagsahne
- 2 Pck. Sahnesteif
- 2 Pck. Vanillezucker
- 1 Glas Sauerkirschen
- 2 Pck. roter Tortenguss

Eierlikörtorte mit Zitronenguss

Eigelb mit Staubzucker verrühren. Nach und nach Öl mit Eierlikör unterrühren. Mehl mit Backpulver vermischt unterziehen. Steifgeschlagenes Eiweiß unterziehen. In eine Springform geben und backen.

Abgekühlt mit einem Zitronenguss (aus Puderzucker, Zitronensaft, Kokosfett und für eine schöne Farbe mit Lebensmittelfarbe) überziehen und mit Schokolinien garnieren.

Backzeit: 25–30 Minuten
Backhitze: 180–190 °C

Eine schnelle saftige Torte.

Tipp: Auch ein Schokoguss ist zum Verfeinern möglich. Dann mit weißen Schokolinien garnieren.

Für 1 Springform 26 cm Ø

- 3 Eigelb
- 150 g Staubzucker
- 180 ml Öl
- 180 ml Eierlikör
- 275–300 g Mehl
- ¾ Pck. Backpulver
- 3 Eiweiß

Zitronenguss:
- 250 g Puderzucker
- 4 EL frischer Zitronensaft
- 2 EL zerlassenes Kokosfett
- evtl. ein paar Tropfen gelbe Lebensmittelfarbe
- zerlassene bittere Schokolade für die Garnitur

EIERLIKÖR-NUSS-TORTE

Für 1 Springform 26 cm Ø

Teig:
- 4–5 Eier
- 175 g Zucker
- 200 g gemahlene Nüsse
- 1 EL Mehl
- 1 TL Backpulver

Belag:
- 600 ml Schlagsahne
- 3 Pck. Sahnesteif
- 2 Pck. Vanillezucker
- 1 Tafel Bitterschokolade
- 4–5 Gläser Eierlikör (125 ml oder gern mehr, je nach Geschmack)

Eier mit Zucker dickcremig schlagen. Nüsse mit Mehl und Backpulver unterrühren. Teig in einer Springform backen. Die Torte setzt sich ein wenig.

Die mit Sahnesteif und Vanillezucker geschlagene Sahne halbieren: Eine Hälfte mit kleingeschnittener Schokolade vermischen und auf die Torte streichen. Die andere Hälfte darüberstreichen und mit dem Löffel kleine Dellen in die Sahne drücken. Einen kleinen Rest Sahne um die Torte spritzen, damit der Eierlikör nicht runterläuft. Den Likör vorsichtig auf die Sahne träufeln.
Bis zum Anschneiden kühl stellen.

Backzeit: 20–25 Minuten / Backhitze: 180–200 °C

Tipp: Wer mag, dekoriert den Sahnerand mit Schokoblättchen oder gibt so viel Likör auf die Oberfläche, bis er von der Torte läuft. Das ist meine absolute Lieblingstorte!

MÖHRENTORTE

Eigelb mit 2 EL Zitronensaft verschlagen, mit Zucker cremig schlagen. Zitronenschale, Puddingpulver und Backpulver unterrühren. Alles mit Mandeln oder Nüssen und Möhren vermischen. Das mit Zucker steifgeschlagene Eiweiß unterziehen. Teig in einer Springform backen.

Erkaltet die Torte mit einem Zitronenguss (restlichen Zitronensaft mit Puderzucker verrühren) überziehen und mit kleinen (gekauften) Zuckermöhren dekorieren.

Backzeit: 30–40 Minuten
Backhitze: 180 °C

Für 1 Springform 26 cm Ø

- 4 Eigelb
- Saft und abgeriebene Schale von 1 unbehandelten Zitrone
- 100 g Zucker
- 2 Pck. Puddingpulver Vanillegeschmack
- 2 gestrichene TL Backpulver
- 200 g gemahlene Mandeln oder Nüsse
- 200 g feingeraspelte Möhren
- 2 Eiweiß
- 75 g Zucker

Zitronenguss:
- 250 g Puderzucker
- 3–4 EL Zitronensaft

SCHNELLE PFLAUMENTORTE

Margarine, Zucker und Eier cremig schlagen. Mehl mit Backpulver unterrühren. Teig in die Springform streichen und backen.

Auf dem erkalteten Boden die gut abgetropften halben Pflaumen verteilen. Saft aufheben. Pflaumensaft oder Wasser erhitzen, die gut aufgelöste Gelatine damit verrühren. Kurz vor Gelierbeginn über den Pflaumen verteilen.

Backzeit: 10–15 Minuten / Backhitze: 200 °C

Das war in alten Zeiten eine gute Rockenstubentorte, denn im Winter gab es Obst nur in Konserven.

Für 1 Springform 26 cm Ø

Teig:
- 100 g Margarine
- 100 g Zucker
- 2 Eier
- 125 g Mehl
- 1 TL Backpulver

Belag:
- 1 großes Glas Pflaumen (720 ml)
- 400 ml Pflaumensaft oder Wasser
- 1 Pck. Gelatine

HERRENTORTE

Für 1 Springform 26 cm Ø

Teig:
- 2 Eier (120 g)
- 2 EL heißes Wasser
- 75 g Zucker
- 75 g Mehl
- 50 g Speisestärke
- 1 TL Backpulver

Belag:
- 1 Glas Sauerkirschen
- 300 ml Kirschen-Abtropfsaft
- ½ TL Zimt
- 1 Pck. Schokopudding-pulver
- 200 ml Sahne
- 1 Pck. Sahnesteif
- 200 ml Sahne
- 1 Pck. Sahnesteif
- Schokoraspel

Eier, Wasser und Zucker dickcremig schlagen. Mehl, Speisestärke und Backpulver kurz unterheben. In eine Springform geben und backen.

Die Kirschen gut abtropfen lassen, den Saft auffangen.

Aus Kirschen-Abtropfsaft, Zimt, evtl. Zucker nach Geschmack und Puddingpulver einen Schokopudding kochen und nach kurzer Abkühlzeit die Kirschen unterrühren. Die mit Sahnesteif geschlagene Sahne unter den Pudding heben und diese Puddingcreme auf den gebackenen Tortenboden streichen.

Die zweite Sahne mit Sahnesteif schlagen und auf die Torte streichen. Mit Schokoraspeln bestreuen.

Backzeit: 15–20 Minuten
Backhitze: 180–200 °C

Tipp: Hat man kein Schokopuddingpulver zur Hand, gibt man 1 EL Kakao unter einen Vanille- oder Sahnepudding.

QUARKTORTE OHNE BODEN

Weiche Margarine, Zucker, Eigelb und Gewürze untereinander schlagen. Quark, Grieß und das mit Kartoffelmehl vermischte Backpulver zugeben. Vorbereitete Rosinen zugeben. Dann das mit Salz steif geschlagene Eiweiß unterziehen. Die Masse in eine gefettete Springform füllen und schön goldbraun backen.

Backzeit: ca. 60 Minuten
Backhitze: 180–200 °C, auf unterer Schiene bei guter Unterhitze

Rustikales Bauerngebäck, das heute wieder sehr gefragt ist.

- 150–200 g Margarine oder Butter
- 250 g Zucker
- 6 Eigelb
- abgeriebene Schale von 1 unbehandelten Zitrone
- ½ TL gemahlener Kümmel
- 1 kg Magerquark
- 100 g Grieß
- 1 EL Kartoffelstärkemehl oder Mehl
- 1 Pck. Backpulver
- 125 g Rosinen
- 6 Eiweiß
- 1 Prise Salz

WEINTRAUBENTORTE „KERSTIN"

Eier mit Wasser kurz verschlagen und mit Zucker dickcremig schlagen. Mehl, Speisestärke und Backpulver langsam und nur kurz auf zweimal vorsichtig unterschlagen. In einer Springform backen.

In der Form erkalten lassen und einen kurz abgekühlten Pudding auf den gebackenen Teig streichen.

Die sauberen, gut abgetropften Weinbeeren dicht darauf verteilen. (Wird der Pudding erst kalt, halten die Beeren nicht und kullern vom Pudding!)

Die Götterspeise kurz vor Gelierbeginn auf die völlig erkaltete Torte geben.

Backzeit: 15–20 Minuten
Backhitze: 180 °C

Eine sehr erfrischende, leichte Torte, die sich kühl gestellt bis zu einer Woche frisch hält.

Für 1 Springform 28 cm Ø

Teig:
- 2 Eier
- 2 EL heißes Wasser
- 70 g Zucker
- 50 g Speisestärke
- 70 g Mehl
- 1 TL Backpulver
- 500 g grüne Weintrauben oder Stachelbeeren
- 1 Pck. Götterspeise Waldmeister
- ½ l Milch
- 1 Pck. Puddingpulver Sahnegeschmack
- 1 geh. EL Zucker

PFIRSICH-MARZIPAN-TORTE

Die Teigzutaten verkneten und rund ausrollen. Eine Tarteform mit Zacken darüber stülpen und ausschneiden. Den Teigboden vorsichtig in eine gefettete, mit Grieß ausgestreute Tarteform umheben, den Rand leicht andrücken und backen.

Milch mit Zucker, Puddingpulver, Eigelb und Salz verquirlen und aufkochen lassen. Nun die Marzipanrohmasse zugeben und alles glattrühren. Dann auf den gezackten Boden geben und die Pfirsichscheiben kranzförmig darauf legen.

Mit einem Guss aus Götterspeisenpulver und Pfirsichsaft überglänzen.

Backzeit: 10–15 Minuten
Backhitze: 180 °C

Tipp: Noch schöner sieht die Torte aus, wenn man einige Johannisbeeren oder Korinthen darüber streut. Schlagsahne dazu reichen.

Teig:
- 50 g Zucker
- 75 g Margarine
- 150–200 g Mehl
- 1 kleines Ei
- Salz
- abgeriebene Schale von 1 unbehandelten Zitrone
- ½ TL Backpulver

Belag:
- 250 ml Milch
- 1 geh. EL Zucker
- reichlich ½ Pck. Vanillepuddingpulver
- 1 Eigelb
- 1 Prise Salz
- 100 g Rohmarzipan
- 1 Dose Tortenpfirsiche
- 250 ml Pfirsichsaft
- ½ Pck. Götterspeise Aprikosengeschmack

Das Foto zeigt die Torte mit Sahnefüllung.

GRETCHENTORTE

Die Eier trennen. Eigelb, Zucker und Margarine verrühren, das mit dem Backpulver gesiebte Mehl zugeben und mit der Milch zu einem glatten Teig rühren. Den Teig in zwei gut gefettete Springformen (Ø 26 cm) geben. Die Eiweiß zu Schnee schlagen und den Zucker allmählich unterschlagen, bis die Masse ganz steif ist. Diesen Eischnee auf beide Teigplatten geben und die Mandelblättchen aufstreuen. Im auf 250 °C vorgeheizten Ofen 25 Minuten backen, dann weitere 15 Minuten bei 150 °C, bis die Mandelblättchen Farbe genommen haben. Einen Tortenboden noch warm in 16 Stücke schneiden. Beide Böden erkalten lassen.

Für die Füllung die Sahne steif schlagen, Sahnesteif mit Vanillezucker vermischen (keinen weiteren Zucker dazugeben!) und weiter schlagen. Die gut abgetropften Stachelbeeren unterziehen. Den unzerteilten Tortenboden damit füllen. Die Sahne glattstreichen und die 16 Tortenstücke auflegen. Mit Puderzucker bestäuben und auftragen.

Oder Sie füllen die Torte mit der grünen Götterspeise-Sahne-Creme. Dafür aus 400 ml Wasser (am besten den abgegossenen Stachelbeersaft mit etwas Wasser zu 400 ml auffüllen) nach Packungsanweisung die grüne Götterspeise kochen und etwas fest werden lassen.

Nun mit den abgetropften Stachelbeeren vermischen. Auf den unzerteilten Boden verteilen. Nach dem Festwerden die mit Sahnesteif und Vanillezucker geschlagene Sahne darüber verteilen. Geschnittene Tortenstücke eng und etwas nach außen gedrückt auflegen, sonst bleibt 1 Stück übrig.

Backzeit: 40 Minuten / Backhitze: 250 °C, 150 °C

Eine ganz phantastische Torte für Geburtstagsgäste: zart-sahnig und knusprig-rösch zugleich!

Springformen 26 cm Ø

Teig:
- 4 Eier
- 100 g Zucker
- 125 g Margarine
- 150 g Mehl
- 2 gestrichene TL Backpulver
- 2 EL Milch
- 175 g Zucker
- 100 g Mandelblättchen

Füllung:
- 600 ml Schlagsahne
- 4 Pck. Sahnesteif
- 4 Pck. Vanillezucker
- 1 Tasse gedünstete Stachelbeeren (Konserve)

Variante für Füllung:
- 400 ml Schlagsahne
- 2 Pck. Sahnesteif
- 2 Pck. Vanillezucker
- 1 Glas gedünstete Stachelbeeren (Konserve)
- Stachelbeeren-Abtropfsaft
- 1 Pck. grüne Götterspeise

Zum Verfeinern:
- Puderzucker

QUARK-STREUSEL-TORTE (ZUPFKUCHEN)

Alle Teigzutaten mit zerlassener Margarine zu einem Streuselteig kneten. Die Hälfte des Streuselteigs in eine Springform zupfen, so dass der Boden bedeckt ist.

Aus Milch und Puddingpulver einen Pudding kochen, Schmand unterrühren. Eier, Zucker und weiche Margarine kurz verschlagen. Dann Quark, Zitronensaft und den abgekühlten Pudding unterschlagen. Diese Masse auf den Streuselboden geben.

Den Rest vom Streuselteig über die Quarkmasse zupfen. Backen.

Backzeit: 45–60 Minuten
Backhitze: 180–200 °C

Tipp: Funktioniert auch als Blechkuchen – dann bei gleicher Streuselmenge die Belagzutaten verdoppeln.

Für 1 Springform 26 cm Ø

Teig:
· 300 g Mehl
· 40 g Kakao
· 175 g Zucker
· ½ Pck. Backpulver
· 2 Eigelb
· 200 g Margarine

Belag:
· 200 ml Milch
· ½ Pck. Vanillepuddingpulver
· 100 g Schmand
· 3 Eier
· 125 g Zucker
· 100 g Margarine oder Butter
· 500 g Quark
· 2 EL Zitronensaft

FEINE RHABARBERTORTE

Aus Mehl, Zucker, Margarine, Ei und Backpulver einen Mürbeteig kneten, auf ein Tortenblech rollen, ca. 2 cm hohen Rand andrücken.

Rhabarber schälen, in Stücke schneiden, eingezuckert über Nacht stehen lassen.

Am nächsten Tag die Rhabarberstücke abtropfen lassen. Aus 350 ml Saft, Zucker und Puddingpulver einen Pudding kochen, etwas abgekühlt mit Rhabarber vermischen, auf den ausgerollten, mit Semmelmehl bestreuten Mürbeteig streichen und vorbacken.

Zucker, Eigelb und Zitronensaft schaumig rühren, saure Sahne, Quark und Puddingpulver zugeben.

Zuletzt den steifgeschlagenen Eischnee unterheben. Auf die vorgebackene Torte streichen und hellbraun fertigbacken.

Erste Backzeit: 25 Minuten
Backhitze: 225 °C

Zweite Backzeit: 20 Minuten
Backhitze: 200–220 °C

Teig:
- 250 g Mehl
- 65 g Zucker
- 125 g Margarine
- 1 Ei
- 1 gestrichener TL Backpulver
- Semmelmehl

Erster Belag:
- 1 kg Rhabarber
- 350 ml Rhabarberabtropfsaft
- 175 g Zucker
- 1 Pck. Vanillepuddingpulver

Zweiter Belag:
- 175 g Zucker
- 4 Eier
- 1 EL Zitronensaft
- 125 g saure Sahne
- 125 g Quark (20% Fett)
- ½ Pck. Puddingpulver Vanillegeschmack

SCHOKO-FRISCHKÄSE-TORTE

Die Eier mit Wasser schaumig schlagen und mit dem Zucker dickcremig schlagen. Mehl mit Backpulver und Speisestärke vermischt unterschlagen. In einer 26 cm Ø Springform backen.

Frischkäse mit Zucker verrühren. Schokolade im Wasserbad schmelzen und mit dem Frischkäse vermischen. Sofort die mit Vanillezucker und Sahnesteif steif geschlagene Sahne unterziehen. Auf den erkalteten Tortenboden geben und mit gemischten Schokoraspeln dick bestreuen.

Backzeit: 20–25 Minuten
Backhitze: 180 °C

Zart-sahnige Torte, die schnell gebacken ist und bei Gästen gut ankommt.

Tipp: Diese Torte schmeckt auch wunderbar mit einer Creme aus anderen Schokoladensorten.

Teig:
- Teig:
- 3 Eier
- 2–3 EL warmes Wasser
- 100 g Zucker
- 100 g Mehl
- 1 TL Backpulver
- 50 g Speisestärke

Creme:
- 200 g leichter Frischkäse
- 2–3 EL Zucker
- 100 g Bitterschokolade
- 400 ml Schlagsahne
- 2 Pck. Vanillezucker
- 2 Pck. Sahnesteif
- dunkle und weiße Schokoraspel

KLEINGEBÄCK UND KUCHENSCHNITTEN

SAUERKIRSCH-SCHNITTEN

Eier mit Zucker dickcremig schlagen. Margarine mit Schokolade zerlassen und mit den fein gemahlenen Mandeln oder Nüssen langsam unterschlagen. Mehl mit Backpulver zugeben. Den Teig auf einem mit Backpapier belegten Backblech backen.

Nach ein bis zwei Tagen die Teigplatte in drei Teile schneiden. Aus Milch, Zucker und Soßenpulver einen Pudding kochen. Hartfett einrühren. Butter und Margarine cremig schlagen, den handwarmen Pudding löffelweise zugeben und zu einer Creme schlagen.

Die knappe Hälfte der Creme auf die erste Platte streichen und die zweite Platte darüber legen.

Die Kirschen gut abtropfen lassen, Saft auffangen. Aus Kirschsaft, evtl. Zucker und Speisestärke einen Pudding kochen und die Kirschen untermischen, Rum in die Kirschmasse rühren. Alles auf der zweiten Platte verteilen und die dritte Platte darüber legen.

Mit der restlichen Creme die Oberfläche und die Seiten bestreichen. Kuchenkrümel oder Schokoblättchen an die Seiten geben.

Backzeit: 10–15 Minuten
Backhitze: 180 °C

Teig:
- 3 Eier
- 120 g Zucker
- 75 g Margarine
- 75 g Blockschokolade
- 75 g gemahlene Mandeln oder Nüsse
- 125 g Mehl
- 1 TL Backpulver

1. Belag:
- 350 ml Milch
- 2 EL Zucker
- 2 Pck. Vanillesoßenpulver
- 25 g Hartfett
- 100 g Butter
- 50 g Würfelmargarine

2. Belag:
- ½ Glas Sauerkirschen
- 250 ml Kirschabtropfsaft
- 1–2 EL Zucker, nach Bedarf
- 2 EL Speisestärke
- 3–4 EL Rum
- Kuchenkrümel oder Schokoblättchen

FRIESENSCHNITTEN

Teig:
- 4 Eigelb
- 100 g Zucker
- 125 g Margarine
- 3 EL Milch
- 100 g Mehl
- 50 g Speisestärke
- ½ Pck. Backpulver
- 4 Eiweiß
- 150 g Zucker
- 1 Pck. Vanillezucker
- 100 g Mandelblättchen

Füllung:
- ½ Glas Pflaumenmus (ca. 200 g)
- 400 ml Schlagsahne
- 2 Pck. Sahnesteif
- 1–2 EL Staubzucker

Eigelb mit Zucker cremig schlagen. Zerlassene, abgekühlte Margarine mit der Milch unterschlagen. Dann mit Mehl, Speisestärke und Backpulver kurz alles zu einer cremigen Masse verschlagen. Die Teigmasse auf Papier streichen.

Eiweiß mit Zucker und Vanillezucker ganz steif schlagen und gleichmäßig über der Teigplatte verteilen. Mit Kamm darüber fahren oder kleine Dellen mit dem Löffel in die Schaummasse drücken. Mandelblättchen darüber streuen und auf der unteren Schiene backen. Noch heiß das Papier abziehen.

Die Teigplatte in zwei Hälften zerschneiden. Eine Hälfte mit Pflaumenmus bestreichen und die mit Sahnesteif steifgeschlagene Sahne (ohne Zucker) darüber geben. Die andere Teighälfte in Schnitten ca. 8 cm x 4 cm schneiden und auf die Sahne legen.

Kühl stellen, dann in Schnitten schneiden. Mit Staubzucker dünn bestäuben.

Backzeit: 30 Minuten
Backhitze: 175 °C, untere Schiene

Tipp: Die Schnitten können schon ein paar Tage vor dem Verzehr gebacken und später erst gefüllt werden. Auch mit Füllung sind sie am 2. Tag noch frisch.

Es lohnt sich diese Schnitten zu backen, sie sind ein kleiner Friesentraum. Etwas Besonderes auf der Kaffeetafel.

CREMIGE ZIMTSCHNITTEN „KERSTIN“

Eier und Zucker dickcremig schlagen, Öl und Orangensaft unterschlagen. Mehl mit Backpulver und Zimt unterrühren. Evtl. noch etwas Kakaopulver dazugeben. Alles zu einem milchkaffeefarbigen Teig verrühren. Teig auf die Hälfte eines Backblechs oder in eine Springform streichen und backen.

Erkaltet die gut abgetropften Mandarinen auf die Teigplatte legen. Dann den nach Vorschrift mit dem Mandarinensaft zubereiteten Tortenguss darüber verteilen.

Frischkäse mit Schmand verrühren, die in Weinbrand (oder Wasser) aufgelöste Gelatine mit 2 bis 3 EL Frischkäsemasse verrühren. Nun alles flott mit der gesamten Frischkäsemasse vermischen. Die mit Sahnesteif und Vanillezucker steif geschlagene Sahne unterheben. Über den Mandarinen verteilen.

Zuletzt mit Hilfe eines feinen Haarsiebs hauchdünn Zimt darüber sieben. Zum Verzehr in Schnitten teilen.

Backzeit: 25–30 Minuten
Backhitze: 180 °C

Tipp: Wenn man die Mandarinen mit dem farbigen Tortenguss vermischt, geht alles etwas schneller.

Zarte Schnitten mit interessantem und fruchtigem Geschmack.

Für ½ Backblech

Teig:
- 125 g Zucker
- 2 Eier
- 75 ml Öl
- 60 ml Orangensaft
- 125–150 g Mehl
- ½ Pck. Backpulver
- 1 TL Zimt
- ½ –1 TL Kakao

1. Belag:
- 2 kleine Dosen Mandarinen
- 200 ml Abtropfsaft
- 1 Pck. Tortenguss
- 2 gestr. EL Zucker

2. Belag:
- 200 g Frischkäse
- 100 g Schmand
- ½ Pck. Gelatine
- 3 EL Weinbrand oder Rum
- 200 ml Sahne
- 1 Pck Sahnesteif
- 1 Pck. Vanillezucker
- ½ TL Zimt

CREMESCHNITTEN

Die kalte Butter oder Margarine in Flöckchen schneiden und in eine Schüssel geben. Mehl und Salz zufügen. Wasser und Essig vermischen, zufügen und aus allen Zutaten einen geschmeidigen Teig kneten. Mit bemehlten Händen eine Kugel formen. Die Kugel kreuzweise einschneiden, damit der Teig sich entspannen kann und sich beim Backen dann nicht zusammenzieht. Die Teigkugel in Folie wickeln und über Nacht kühl stellen.

Den Teig rechteckig ausrollen. Die lange Seite bis zur Hälfte einschlagen und die andere lange Seite darüberschlagen. Den nun dreilagigen Teig von der schmalen Seite her bis zur Mitte einschlagen und die andere Seite darüberschlagen. Wieder in Folie einschlagen und kalt stellen. Den Vorgang noch zweimal wiederholen. Zuletzt den Teig 2 bis 3 mm dick ausrollen und ca. 5 cm x 9 cm große Rechtecke schneiden. Der Teig ergibt ca. 24 bis 26 Stücke. Die Teigstücke auf ein mit kaltem Wasser abgespültes Blech setzen und backen. Auskühlen lassen.

Für die Buttercreme aus Milch, Puddingpulver, Vanillezucker und Zucker einen Pudding kochen und abkühlen lassen. Die nicht zu weiche Butter und Margarine schaumig schlagen und den abgekühlten Pudding löffelweise darunterrühren. Zum Schluss mit der geriebenen Zitronenschale abschmecken. Die Buttercreme dick auf je ein Teigrechteck streichen und ein zweites daraufsetzen. Die oberen Teigplatten entweder dick mit Puderzucker bestäuben oder glasieren. Dafür die als Deckel gedachten Teigstücke mit heißer Marmelade und dann mit Zuckerguss überziehen, bevor sie auf die mit Creme bestrichenen Unterteile gesetzt werden.

Backzeit: 20 Minuten
Backhitze: 220–250 °C

Für ca. 12 bis 13 Stück

Teig:
- 200 g Butter oder Margarine
- 200 g Mehl
- 1 Prise Salz
- 8 EL kaltes Wasser
- 1 EL Essig

Buttercreme-Füllung:
- 400 ml Milch
- 1 Pck. Puddingpulver Vanillegeschmack
- 1 Pck. Vanillezucker
- 2 EL Zucker
- 125 g Butter
- 50 g feste Würfelmargarine
- 1 Msp. Schale von 1 unbehandelten Zitrone

Zum Verfeinern:
- 1 EL Marmelade
- Zuckerguss aus 100 g Puderzucker, 2 TL Zitronensaft und 2 TL heißem Wasser
  ODER:
  nur Puderzucker zum Bestäuben

Der unkomplizierte Blitzblätterteig gelingt immer! Diese Cremeschnitten gibt es, solange ich zurückdenken kann.

LILLIFEE-SCHNITTEN AUF MEINE ART

Eier und Zucker dickcremig schlagen, die weiche Margarine unterziehen. Mit Mehl, Speisestärke und Backpulver zu einer glatten Masse schlagen. Den Teig auf Papier auf einem Blech backen.

Blech stürzen, Papier abziehen, in der Mitte den Boden senkrecht durchschneiden.

Himbeeren mit 50 ml Wasser und Zucker aufkochen, mit dem Mixstab pürieren und mit Tortenguss dicklich kochen. Auf eine Gebäckhälfte streichen und die andere darüber decken, etwas andrücken.

Quark mit Zucker verrühren. Gelatine im warmen Wasser-Zitronensaft-Gemisch gut auflösen und mit 2 EL Quark gründlich verrühren. Diese Masse mit dem großen Rest Quark gut verrühren. Die mit Vanillezucker und Sahnesteif steif geschlagene Sahne unterziehen und auf die zweite Teigplatte streichen. Kühl gestellt fest werden lassen.

Milch mit Zucker, Pudding-, Götterspeise- und Getränkepulver aufkochen. Butter und Margarine cremig schlagen und löffelweise die erkaltete Puddingmasse unterschlagen.
Auf die inzwischen fest gewordene Quarkcreme streichen. Evtl. mit dem Kamm garnieren.

Backzeit: 10–15 Minuten
Backhitze: 180 °C

Das ist ein von mir etwas abgewandeltes Rezept nach dem Genuss der Lillifee-Schnitten von Antje Otto aus Kleinaga auf dem Kuchenmarkt in Kleinaga (Ortsteil von Gera).

Teig:
- 4 Eier
- 100 g Zucker
- 50 g Margarine
- 100 g Mehl
- 75 g Speisestärke
- 1 TL Backpulver

Füllung:
- 300 g Himbeeren oder Erdbeeren (TK oder frisch)
- 1 Pck. Tortenguss Erdbeergeschmack
- 2 EL Zucker

Belag:
- 250 g Quark (20 % Fett)
- 1–2 EL Zucker
- 1 Pck. Gelatine
- 3 EL Wasser
- 2 EL Zitronensaft
- 350 ml Schlagsahne
- 2 Pck. Vanillezucker
- 1 Pck. Sahnesteif

Cremeguss:
- 250 ml Milch
- 2–3 EL Zucker
- ½ Pck. Puddingpulver Himbeergeschmack
- 1 geh. TL (= ½ Pck. Himbeergötterspeise)
- 1–2 EL Himbeergetränkepulver
- 50 g Butter
- 50 g Würfelmargarine

WOLKENKUCHEN-SCHNITTEN

Für ½ Backblech

Teig:
- 4 Eigelb
- 100 g Zucker
- 100 g Margarine
- 125 g Mehl
- 1 TL Backpulver
- ca. 3 EL Milch

Füllung:
- 4 Eiweiß
- 125 g Zucker
- 75 g Staubzucker
- 1 TL Speisestärke
- 50–75 g Mandelblättchen
- 400 ml Sahne
- 2 Pck. Sahnesteif
- 1 Pck. Vanillezucker
- ½ Glas Stachelbeeren

Eigelb, Zucker und Margarine dickcremig schlagen. Mehl mit Backpulver unterschlagen. Mit lauwarmer Milch streichfähig rühren. Alles auf ein gut gefettetes Backblech streichen.

Für die Füllung Eiweiß mit Zucker steif schlagen. Staubzucker mit Stärke vermischt unter den Eischnee heben. Diese Masse auf dem ganzen Kuchenteig verteilen. Mit einem Löffel Dellen eindrücken. So wird die glatte Oberfläche zu kleinen Wölkchen. Alles mit Mandelblättchen bestreuen und backen. Die Mandeln sollen eine leichte Färbung haben. Nun den Kuchen in der Mitte senkrecht teilen. Eine Hälfte in beliebig große Vierecke (oder Dreiecke) schneiden.

Die Sahne mit Sahnesteif und Vanillezucker steif schlagen und die Früchte untermischen. Die Sahne-Fruchtmischung auf den halben Boden streichen und die gleichmäßig geschnittenen Vierecke darüber legen. So quillt beim Schneiden die Sahne nicht heraus.

Backzeit: 20–25 Minuten
Backhitze: 180 °C

Tipp: Eiweiß am Anfang langsam schlagen, dann etwas schneller werden, dabei den Zucker allmählich unterschlagen. Staubzucker mit Speisestärke vermischt vorsichtig unterheben. Eine nicht zu kleine Schüssel nehmen. Es heißt: „Eiweiß braucht Platz und Zeit."

Im Ur-Rezept aus den 1980er Jahren wurde der Kuchen mit Stachelbeeren gebacken. Heute mischt man auch Himbeeren oder Mandarinen darunter. Mit Stachelbeeren schmeckt er aber am allerbesten.

Im Foto vorn die Joghurt-Waldmeister-Schnitte, dahinter Apfel-Himbeer-Schnitte (Rezept Seite 212)

JOGHURT-WALDMEISTER-SCHNITTEN

Zucker mit weicher Margarine cremig schlagen. Eier nach und nach unterschlagen. Saure Sahne zugeben. Mehl mit Backpulver und Kakao vermischt langsam unterschlagen. Den Teig auf dem mit Backpapier belegten oder gut gefetteten Blech backen.

Waldmeistersirup mit Zitronensaft erwärmen und mit einem Teil davon die Gelatine in 5 bis 10 Minuten auflösen. Nun mit dem gesamten Saft vermischen. Gut umrühren, damit sich die Gelatine richtig auflöst. Ist alles nur leicht geliert, den Joghurt unterheben.

Nun die mit Vanillezucker und Sahnesteif steif geschlagene Sahne mit einem Holzlöffel vorsichtig langsam unterheben. Auf die Unterseite des gebackenen Bodens streichen.

Heißes Wasser mit Zitronensaft und Gelatine unter öfterem Rühren auflösen. 3 EL Joghurt unterrühren. Nun mit Zucker und dem restlichen Joghurt langsam verrühren. Die mit Sahnesteif und Vanillezucker steif geschlagene Sahne unterheben.

Diese Creme löffelweise vorsichtig auf die inzwischen fest gewordene Waldmeistercreme streichen. Glattstreichen und später noch mit Schokolinien garnieren. Dafür Schokolade in Öl zerlassen.

Backzeit: 15–20 Minuten
Backhitze: 180 °C

Tipp: Wünscht man sich die Schnitten etwas flacher, kann man einfach ein größeres Blech verwenden.

Für 1 Backblech mit hohem Rand 23 cm x 23 cm

Teig:
- 100 g Zucker
- 75 g Margarine
- 2 Eier (130–140 g)
- 75 ml saure Sahne
- 75 g Mehl
- 1 TL Backpulver
- 2 EL Kakao

1. Belag:
- 150 ml Waldmeistersirup
- 2 EL Zitronensaft
- 1 Pck. Gelatine
- 100 ml Joghurt mild
- 300 ml Sahne
- 1 Pck. Vanillezucker
- 1 Pck. Sahnesteif

2. Belag:
- 4 EL Wasser
- 2 EL Zitronensaft
- 1 Pck. Gelatine
- 300 ml Joghurt (3,5 %)
- 2 EL Zucker
- 300 ml Sahne
- 1 Pck. Sahnesteif
- 2 Pck. Vanillezucker
- 50 g Bitterschokolade
- 3 TL Öl

APFEL-HIMBEER-SCHNITTEN

Eier, Zucker, Vanillezucker, Salz, etwas Zitronenschale und weiche Margarine gut verschlagen. Mehl, Backpulver und Milch unterschlagen. Den Teig auf die Hälfte eines Backblechs streichen. Nicht zu dicke Apfelscheiben mit Zitronensaft vermischt darüber legen und backen, bis die Apfelscheiben weich sind.

Magerquark mit Zucker verrühren. Gelatine im warmen Apfelsaft auflösen und flott unter den Quark schlagen. Ungemahlenen Mohn unterrühren. Sahne mit Sahnesteif und Vanillezucker steif schlagen und vorsichtig unterheben. Über die Apfelscheiben streichen.

Himbeeren mit Zucker pürieren und die im warmen Wasser aufgelöste Gelatine unterrühren. Alles löffelweise über die schon fest gewordene Creme verteilen und mit einem Schaber vorsichtig verstreichen.

Backzeit: 30–35 Minuten
Backhitze: 180–200 °C

Tipp: Diese Schnitten erst ab dem zweiten Tag anschneiden. Sie sehen sehr schön aus (siehe Foto Seite 210) und halten sich mehrere Tage frisch.

Für ½ Backblech

Teig:
- 2 Eier
- 100 g Zucker
- 1 Pck. Vanillezucker
- 1 Prise Salz
- abgeriebene Schale von 1 unbehandelten Zitrone
- 100 g Margarine
- 175 g Mehl
- 1 TL Backpulver
- evtl. 2–3 EL Milch
- 250 g Apfelscheiben
- 2 EL Zitronensaft

Belag:
- 200 g Magerquark
- 2 EL Zucker
- 1 Pck. Gelatine
- 75 ml Apfelsaft oder Wasser
- 1–2 EL ungemahlener Mohn
- 250–300 ml Sahne
- 1 Pck. Sahnesteif
- 1 Pck. Vanillezucker

Guss:
- 250 g Himbeeren
- 1 EL Zucker
- 2 EL Wasser
- 1 TL Gelatine

STACHELBEERSCHNITTEN

Alle Teigzutaten verrühren bzw. verkneten. Den Teig zu einer Platte von 25 cm x 30 cm ausrollen und auf ein mit Papier ausgelegtes Blech legen und backen.

Für den Belag die Stachelbeeren abgießen, den Saft auffangen. Stachelbeersaft mit Tortenguss kochen und die abgetropften Beeren untermischen. Die gebackene Teigplatte mit 1 Pck. Sahnesteif bestreuen und die Beerenmasse darüber streichen. Darauf die mit dem übrigen Sahnesteif und Vanillezucker steif geschlagene Sahne zu ⅔ verteilen.

Nun die Kekse darüber legen und über die Kekse die restliche Sahne streichen. Mit Krokant oder Schokostreuseln garnieren.

Am ersten Tag so schneiden, wie die Kekse es vorgeben. Ab dem zweiten Tag beliebig schneiden.

Backzeit: 15 Minuten / Backhitze: 180–200 °C

Stachelbeerschnitten sind ein feines Festtagsgebäck (siehe Foto Seite 214, vorn im Bild).

Tipp: Für Kuchen, bei denen Stachelbeeren mitgebacken werden, ist ein Kochen der Beeren nicht nötig, wenn kein Saft gebraucht wird. Ein Überbrühen ist jedoch empfehlenswert. Wird Saft benötigt, wie z. B. zur Füllung von gebackenem Teig (Biskuit- oder Mürbeteig), werden die Beeren mit beliebig viel Zucker und mit Wasser knapp bedeckt langsam gekocht, damit sie nicht zerfallen. Wird der Saft mit Speisestärke verkocht, gibt das den Beeren eine Bindung.

Teig:
- 50 g Margarine
- 75 g Zucker
- 1 Ei
- 1 Pck. Vanillezucker
- 150 g Mehl
- ¼ TL Backpulver

Belag:
- 1 großes Glas Stachelbeeren
- 250 ml Stachelbeersaft
- 1 Pck. heller Tortenguss
- evtl. Zucker
- 3 Pck. Sahnesteif
- 500–600 ml Schlagsahne
- 2 Pck. Vanillezucker
- 16 rechteckige Butterkekse
- Krokant oder Schokostreusel

Napoleonschnitten hinten im Bild, Stachelbeerschnitten vorn (Rezept Seite 213)

NAPOLEONSCHNITTEN

Kalte Margarine in kleine Stücke schneiden und mit Mehl, Salz und Milch rasch verkneten, zu einer Kugel formen und in den Kühlschrank legen.

Am Tag darauf den Teig zu einem Rechteck (ca. 18 cm x 26 cm) ausrollen. Zusammenschlagen von der Längsseite bis zur Mitte und die andere Seite darüber schlagen. Nun die längere Seite übereinanderschlagen wie ein gefaltetes Blatt Papier. Wieder in den Kühlschrank legen. Nach 1 Stunde den Vorgang wiederholen und nach einer weiteren Stunde noch einmal wiederholen. Die Zeitabstände können länger sein, auch über einen Tag verteilt, das ist umso besser.

Nun den Teig in Blechgröße ausrollen und auf ein mit kaltem Wasser abgespültes Blech legen. Mit der Gabel mehrmals einstechen. Während des Backens wird die Platte etwas kleiner. Nach der Backzeit kann der Blätterteig bei abgestellter Temperatur in der Röhre noch etwas stehen bleiben.

Nun senkrecht durchschneiden. Auf eine Hälfte noch heiß einen Zuckerguss streichen. Dafür den Staubzucker mit nicht zu heißem Wasser zu einem dicken Brei verrühren.

Für die Creme aus Milch, Zucker, Puddingpulver und Eigelb einen Pudding kochen. Das mit Zucker steif geschlagene Eiweiß unter die kochend heiße Masse rühren. Lauwarm auf die andere Gebäckhälfte streichen. Die mit Sahnesteif und Vanillezucker geschlagene Sahne darüber verteilen.

Die Zuckergussplatte in beliebige Rechtecke (oder Dreiecke ähnlich Napoleons Hut) schneiden und auf die Sahne legen.

Backzeit: 20–25 Minuten / Backhitze: 180–200 °C

Teig:

- 250 g feste Würfelmargarine
- 250 g Mehl
- 1 Prise Salz
- 2 EL Milch

Guss:

- 100 g Staubzucker
- 1 EL heißes Wasser

Vanillecreme:

- 250 ml Milch
- 1 EL Zucker
- ¾ Pck. Puddingpulver Vanillegeschmack
- 1 Eigelb
- 1 Eiweiß
- 1 EL Zucker
- 300–400 g Schlagsahne
- 2 Pck. Vanillezucker
- 1–2 Pck. Sahnesteif

Tipp: Gekaufter Blätterteig und ein Standard-Pudding vereinfachen die Zubereitung.

ROTE-GRÜTZE-SCHNITTEN

Eier mit Zucker dickcremig schlagen. Mehl, Backpulver und Speisestärke unterschlagen und die zerlassene Margarine unterheben. Den Teig auf ein mit Backpapier ausgelegtes Blech streichen und backen.

Für den Belag Quark mit Zucker, Vanillezucker und der Zitronenschale verrühren. Die im heißen Zitronenwasser aufgelöste Gelatine mit 3 EL Quark verrühren und mit der ganzen Quarkmasse gut vermischen. Die steif geschlagene Sahne unterziehen.

Die Teigplatte dünn mit Marmelade bestreichen und die Quarkmischung darüber verteilen. Die Kekse darauf legen, fest werden lassen und den Fruchtbelag darüber geben. Dafür die Früchte mit 100 ml Wasser und Zucker aufkochen und mit Speisestärke binden.

Alles kühl stellen und am nächsten Tag in Quadrate oder Schnitten schneiden.

Backzeit: 15–20 Minuten / Backhitze: 180 °C

Für 18 bis 20 Stück

Teig:

- 4 Eier
- 150 g Zucker
- 150 g Mehl
- 1 TL Backpulver
- 50 g Speisestärke
- 50 g zerlassene Margarine

Belag:

- 300 g Magerquark
- 75 g Zucker
- 2 Pck. Vanillezucker
- 2 TL abgeriebene Schale von 1 unbehandelten Zitrone
- 1 Pck. Gelatine
- 50 ml Wasser
- 2 EL Zitronensaft
- 400 g Schlagsahne
- 1 EL rote Marmelade
- 20–25 rechteckige Kekse
- 600 g gemischte Früchte (Him-, Johannis-, Brom-, auch Erdbeeren – frisch oder TK)
- 80 g Speisestärke
- 3–4 geh. EL Zucker

Ein erfrischendes, sommerliches Gebäck. Die Kekse verhindern das Rotfärben der weißen Creme.

APFELTALER

Ei, Zucker und weiche Margarine verrühren. Mehl mit Backpulver vermischt unterrühren und die Milch zugeben.

Geschälte Äpfel in kleine Würfel schneiden, mit Vanille, Zimt und Rum vermischen und unter den Teig rühren.

Mit einem Esslöffel 18 bis 20 Häufchen auf ein gefettetes Blech geben und schön braun backen.

Vor dem Verzehr dünn mit Staubzucker bestäuben.

Backzeit: 25–30 Minuten
Backhitze: 180–200 °C

Für 18 bis 20 Stück

· 1 Ei
· 100 g Zucker
· 100 g Margarine
· 200 g Mehl
· ½ Pck. Backpulver
· 3 EL Milch
· 200 g Apfelwürfel
· 1 Pck. Vanillezucker
· ½ TL Zimt
· 1 EL Rum

Hinten links im Bild Mandelecken, daneben Ochsenaugen (Rezept Seite 220), vorn Sahnekringel

MANDELECKEN

Gewürfelte Margarine, Zucker, Vanillezucker, Salz, Eier und Milch untereinander hacken. Mehl nach und nach mit dem Backpulver zugeben und einen nicht zu festen Teig kneten. Kurz kühl stellen.

Teig in Blechgröße ausrollen und auf ein gefettetes und mit Mehl bestäubtes Blech legen. Gut verrührte Konfitüre aufstreichen. Mandelblättchen und Zucker darüber streuen und backen.

Noch warm in 8 cm x 8 cm große Quadrate schneiden, dann in Dreiecke schräg durchschneiden. Mit Schokoglasur (zerlassene Bitterschokolade) garnieren.

Backzeit: etwa 20 Minuten
Backhitze: 180 °C

Tipp: Dieses fruchtige Mandelgebäck aus DDR-Zeiten, das gern zu Festlichkeiten gereicht wurde, schmeckt auch gut mit Kokosraspeln bestreut.

- 150 g Margarine
- 100 g Zucker
- 1 Pck. Vanillezucker
- 1 Prise Salz
- 2 kleine Eier
- 1 EL Milch
- 250 g–275 g Mehl
- 2 gestrichene TL Backpulver
- 1 Glas Orangen- oder Aprikosenkonfitüre (ca. 250 g)
- 100 g Mandelblättchen
- 1 EL Zucker
- Schokoladenglasur

THÜRINGER SAHNEKRINGEL

Mehl, Butterstückchen, Sahne und Eigelb rasch verkneten und als Kugel geformt 30 Minuten kaltstellen.

Nun nicht zu dünn (½ cm dick) ausrollen. Ringe (ca. 8 cm Ø = 20 Stück) ausstechen, mit Zucker bestreuen und backen.

Dieses blätterteigähnliche Gebäck erkaltet mit Staubzucker besieben.

Backzeit: 10–15 Minuten
Backhitze: 200 °C

- 250 g Mehl
- 175 g kalte Butter
- 1 Eigelb
- 3 EL süße Sahne
- 1 EL Zucker
- Staubzucker

OCHSENAUGEN MIT MARZIPAN

Die zwei Eier trennen. Zucker, Margarine und Eigelb verrühren. Mehl und Backpulver unterkneten.

Plätzchen von 6 bis 7 cm Ø ausstechen.

Marzipanmasse mit Staubzucker, Bittermandelöl und den 2 Eiweiß verkneten. In einen Spritzbeutel füllen und Ringe um die Plätzchen spritzen. In die Mitte Marmelade geben und backen.

Erkaltet dünn mit Staubzucker besieben.

Backzeit: 20–25 Minuten
Backhitze: 180 °C, untere Schiene

Althergebrachtes und sehr beliebtes fruchtiges Marzipangebäck.

- 2 Eier
- 75 g Zucker
- 150 g Margarine
- 200–225 g Mehl
- 1 Löffelspitze Backpulver
- 500 g Rohmarzipan
- 50 g Staubzucker
- ¼ Fl. Bittermandelöl
- 1 Glas nicht zu weiche Marmelade oder Konfitüre

„KOSAKENZIPFEL“ À LA DIETZE

Eier, Zucker und Wasser dickcremig schlagen, Mehl, Speisestärke, Vanillezucker und Backpulver langsam unterschlagen. Teig in eine gefettete Springform von 26 cm Ø streichen. Backen.

Erkaltet mit einem Schnapsglas von 4 cm Ø 10 bis 12 Plätzchen ausstechen. Den Rest Teig grob zerkrümeln und auf einem Blech kurz etwas anrösten. So lassen sich die Krümel mit dem Multiboy besser ganz klein (etwa wie Grieß) zerschlagen.

Aus Milch und Soßenpulver einen Pudding kochen, der abgekühlt mit Butter zu einer Creme geschlagen wird. Die mit Hartfett zerlassene Schokolade abgekühlt unterschlagen. Marmelade, Rum und Aroma unterrühren. Nun die Creme mit den zerkrümelten Teigresten vermischen. Es soll eine kompakte Masse entstehen.

Von der Masse kleine Türmchen formen, die auf die ausgestochenen Plätzchen gesetzt werden. Die Türmchen sollen ca. 8 cm hoch sein. Kalt stellen.

Inzwischen die Kuvertüre mit Hartfett auflösen und die Kosakenzipfel damit ungleichmäßig überziehen. Mit einem Teelöffel diesen Überzug von oben her darauf träufeln. Es soll noch etwas von der hellbraunen Creme zu sehen sein.

Backzeit: 15–20 Minuten
Backhitze: 180 °C

Tipp: Die geformten Türmchen sollen nach oben hin immer schmaler werden.

Ein feines cremiges Gebäck mit knackiger Schokolade, auch als „Granatsplitter“ bekannt.

Für ca. 10 bis 12 Stück

Teig:

- 2 Eier
- 75 g Zucker
- 1 EL Wasser
- 50 g Mehl
- 50 g Speisestärke
- 1 Pck. Vanillezucker
- ½ TL Backpulver

Creme und Überzug:

- 200 ml Milch
- 1 Pck. Soßenpulver Vanillegeschmack
- 50 g Butter
- 50 g zerlassene Schokolade
- 25 g Hartfett
- 1 EL Marmelade
- 1 EL Rum
- ¼–½ Fl. Rumaroma
- zerkrümelte Teigreste
- 50 g Bitterkuvertüre
- ½ EL Hartfett

„LIEBESBRIEFE“

Alle Teigzutaten mit gewürfelter kalter Margarine zu einem Kloß verkneten. Zwei Stunden oder über Nacht in den Kühlschrank stellen.

Am nächsten Tag mit Hilfe von etwas Mehl eine dünne Platte von 24 cm x 30 cm ausrollen. Quadrate von 8 cm x 8 cm ausschneiden und in die Mitte einen Klecks von der Nussmasse geben.
Dafür die gemahlenen Nüsse mit Zucker und Rum (evtl. noch etwas Wasser) vermischen.

Nun treffen die vier Ecken in der Mitte auf dem Nussklecks wie bei einem Briefumschlag zusammen. Etwas andrücken und backen.

Erkaltet ca. 50 g Marzipan auf Staubzucker ausrollen. Mit zerlassener Kuvertüre bestreichen.

Ist die Schokolade fest, kleine Herzen ausstechen und mit einem Klecks Schokolade auf die Mitte vom „Umschlag“ kleben. Dünn mit Staubzucker bestäuben.

Backzeit: 10–15 Minuten
Backhitze: 200 °C

Die „Liebesbriefe“ sind ein originelles, süßes Mitbringsel für Verliebte.

Für 12 Stück

Teig:
- 125 g Mehl
- 50–75 g Schmand
- 1 EL Wasser
- 1 TL Essig
- 1 Löffelspitze Backpulver
- 100 g Margarine

Nussmasse:
- 70 g gemahlene Nüsse
- 35 g Zucker
- 1–2 TL Rum

Dekoration:
- 50 g Marzipan
- 20 g Bitterschokolade oder Kuvertüre
- Staubzucker

BAUMKUCHEN

Für 1 kleine Torte 18 cm Ø

- 100 g Butter
- 100 g Zucker
- 4 Eigelb
- 2 EL Milch
- 80 g Speisestärke
- 20 g Mehl
- 1 Pck. Vanillezucker
- 1 Prise Salz
- ¼ TL Backpulver
- 4 Eiweiß
- Schokoguss

Weiche Butter mit Zucker cremig schlagen. Eigelb und Milch nach und nach verrührt zugeben. Mehl auf zwei Mal unterschlagen. Eiweiß mit Vanillezucker steif schlagen und ⅓ davon mit dem Teig vermischen. Rest Eiweiß vorsichtig mit Holzlöffel oder „Geizhals" unterziehen. Es darf kein Eiweiß mehr zu sehen sein.

Einen Schöpflöffel Teig auf ein gefettetes Tortenblech streichen, ca. 4 bis 5 Minuten hellbraun backen. Den zweiten Schöpflöffel Teig über den gebackenen Teig streichen und wieder 4 bis 5 Minuten backen.

So fortfahren, bis der Teig aufgebraucht ist (ca. 6 bis 8 Schichten). Dabei die Tortenform immer etwas höherstellen, damit die unterste Schicht nicht verbrennt.

Den Baumkuchen mit einem Schokoguss nach bekannter Art vollständig einhüllen. Zum Servieren in kleine Schnitten teilen.

Backhitze: 180 °C
Backzeit: jede Schicht ca. 4–5 Minuten

Für die Nichtthüringer: Ein Geizhals ist ein biegsames Gerät aus Weichplaste, ca. 8 cm x 5 cm mit einem 15 cm langen Stiel. Der Küchenhelfer wurde erfunden, um die Thüringer Männer zu ärgern, die um Schüsseln und Töpfe schlichen und die süßen Belagreste daraus naschten. Der Geizhals machte Schluss mit dem sogenannten „Schüsselauslecken", denn er holt noch den letzten Rest Teig aus jeder Backschüssel. Man benutzt den Teigschaber auch, um Schlagsahne oder Eischnee vorsichtig unter lockere Teige und Cremes zu heben.

KIRSCH-SAHNE-RINGE

Milch, Wasser und Butter mit Salz aufkochen. Kurz beiseite stellen und dann mit dem Mehl kräftig verrühren. Wieder auf die Herdplatte stellen und so lange rühren, bis alles zu einem Kloß geworden ist und am Topfboden ein leicht grauer Belag zu sehen ist. Nun von der Platte nehmen und ein Ei in der heißen Masse gründlich verrühren. Etwas abgekühlt die restlichen Eier nacheinander unterrühren (immer erst ein Ei gründlich verrühren). Ist der Teig nur noch lauwarm, das Backpulver darüber sieben und gut verrühren.

Mit einem in Mehl getauchten Glas von ca. 7 bis 8 cm Durchmesser Kreise auf einem gefetteten Backblech markieren. Nun mit einem Spritzbeutel mit großer Zackentülle dicke große Ringe auf das Blech spritzen.

Dann backen und noch 10 Minuten in der abgestellten Röhre ruhen lassen. Die Ringe noch heiß in der Mitte quer durchschneiden.

Aus Kirschsaft, 150 ml Wasser, Zucker und Puddingpulver einen Pudding kochen und die gut abgetropften Kirschen unterrühren. Die abgekühlte Masse in die erkalteten unteren Ringhälften füllen. Die mit Sahnesteif, Vanillezucker und Staubzucker steif geschlagene Sahne dick über die Kirschmasse spritzen.

Die oberen der Ringhälften mit Schokoguss bepinseln und auf die Sahne setzen.

Backzeit: 30–35 Minuten
Backhitze: 200 °C

Tipp: Auch Windbeutel lassen sich so füllen.

Kirschringe sind in unserer Gegend sehr beliebt und gehören auch zu meinem Lieblingsgebäck.

Für 7 bis 8 Stück

Teig:
- 125 ml Milch
- 125 ml Wasser
- 1 Prise Salz
- 75 g Butter
- 150 g Mehl
- 4 Eier
- 1 TL Backpulver

Füllung:
- 1 Glas Sauerkirschen (300 ml Abtropfsaft)
- 1 Pck. Vanillepuddingpulver
- 3 EL Zucker
- 400 ml Sahne
- 2 Pck. Vanillezucker
- 1 Pck. Sahnesteif
- 1 geh. TL Staubzucker, gesiebt

Schokoguss:
- 75 g Bitterschokolade
- 1 TL Öl

FRÜHLINGSKRANZ

Für die Füllung die Korinthen in Rum einweichen. Dann von Mehl bis Margarine wie gewohnt einen Hefeteig herstellen und zu einer Kugel geformt zugedeckt ca. 30 Minuten gehen lassen, bis er schön aufgegangen ist.

Nun zu einem Rechteck von ca. 40 cm x 30 cm ausrollen, mit Marmelade bestreichen.

Die Mandeln, die abgetropften Rumkorinthen, in ganz kleine Würfel geschnittene Trockenaprikosen und Schlagsahne vermischen und mit etwas Zucker abschmecken. Diese Masse auf die Marmelade streichen.

Nun den Teigboden von der Längsseite her aufrollen und zu einem Kranz geformt auf ein Kuchenblech legen. Ringsum den Kranz alle ca. 3 cm einschneiden, damit nach dem Backen auch die Füllung etwas sichtbar wird.

Den erkalteten Kranz mit Staubzucker besieben oder mit einem frühlingshaften Guss überziehen.

Für den Guss Staubzucker mit etwas Eiweiß und einem Spritzer Zitronensaft zu einem nicht zu flüssigen Brei rühren. Damit den Kranz teilweise überziehen und mit bunten Zuckerstreuseln bestreuen.

Backzeit: 50–60 Minuten
Backhitze: 180–200 °C

Tipp: Rührt man unter den Zuckerguss 30 bis 50 g Hartfett, wird der Guss geschmeidiger und bekommt einen seidigen Glanz.

Teig:
- 500 g Mehl
- 1 Würfel Hefe
- 125 g Zucker,
- 150 ml Milch (3,5 % Fett) oder Sahne
- 150–200 g Margarine oder Butter

Füllung:
- 100 g Korinthen
- 2 EL Rum
- 200 g Quitten- oder Orangenmarmelade
- je 100 g gehackte und gemahlene Mandeln
- 100 g getrocknete Aprikosen
- 100 ml Sahne
- 1 EL Zucker

Guss:
- 100 g Staubzucker
- Eiweiß
- Zitronensaft
- Zuckerstreusel

KIRSCHKRANZ

Margarine, Zucker, Gewürze und Eier gut cremig schlagen. Das mit Backpulver gemischte Mehl unterschlagen. Mit Rum und Nüssen gut verrühren. Einen kleinen Teil der Masse in eine gut gefettete und mit Semmelmehl ausgestreute Kranzkuchenform streichen. Den großen Rest der Teigmasse mit den entsteinten Kirschen vermischen und als Belag über den Kuchenboden verteilen.
Backen. Erkaltet mit Staubzucker besieben.

Backzeit: 60 Minuten
Backhitze: 190–200 °C, gute Unterhitze

Tipp: Heute legt man Wert auf entsteinte Kirschen. Früher hat man sich aus Zeitmangel meist nicht diese Mühe machen können und verwendete die Kirschen mit Stein. So sind sie saftiger.

- 200 g Margarine
- 200 g Zucker
- 1 Pck. Vanillezucker
- 1 TL Zimt
- 3 Eier
- 225 g Mehl
- 2 TL Backpulver
- 2 EL Rum
- 100 g gemahlene Nüsse oder Mandeln
- 500–600 g frische Süßkirschen
- 1 EL Semmelmehl
- 1 EL Staubzucker

KEKSE, ADVENTS- UND WEIHNACHTSGEBÄCK

ADVENTSKRANZ

Margarine, Zucker und Eigelb dickcremig schlagen. Mehl, Backpulver und Gewürze unterschlagen. Nüsse und die kleingeschnittene Schokolade zugeben. Den Rum unterrühren. Die Hälfte vom steifgeschlagenen Eiweiß unterrühren und den Rest unterheben.

Den Teig in einer gut gefetteten, mit Grieß ausgestreuten Kranzkuchenform verteilen und backen.

Erkaltet den Adventskranz mit Staubzucker besieben.

Backzeit: 50–60 Minuten
Backhitze: 180 °C

Ein ganz feines Vorweihnachtsgebäck.

Kranzkuchenform 20–24 cm

- 175 g Margarine
- 175 g Zucker
- 4 Eier, trennen
- 100 g Mehl
- ¾ Pck. Backpulver
- 1 TL Zimt
- 2 TL abgeriebene Schale von 1 unbehandelten Zitrone
- 1 TL Pfefferkuchengewürz
- 200 g gemahlene Nüsse
- 100 g Bitterschokolade
- 2 EL Rum
- 1 EL Staubzucker

QUARKSTOLLEN

Eier, Zucker, Vanillezucker, Zitronenschale, Salz und weiche Margarine verrühren. Quark unterrühren und das Mehl mit Backpulver gemischt nach und nach unterkneten. Die in Rum eingeweichten Rosinen ebenfalls unterkneten.

Mit bemehlten Händen eine Rolle von 30 cm formen, in die Mitte einen 1 cm tiefen Spalt drücken und backen.

Noch heiß mit zerlassener Butter bepinseln und mit Staubzucker bestäuben.

Backzeit: 60 Minuten
Backhitze: 180–200 °C

Für 1 Stollen

- 2 Eier
- 175 g Zucker
- 1 Pck. Vanillezucker
- ¼ TL Salz
- abgeriebene Schale von 1 unbehandelten Zitrone
- 200 g Margarine
- 250 g trockener Quark
- 500 g Mehl
- 1 Pck. Backpulver
- 200 g Rosinen
- 2 EL Rum
- 20 g Butter
- 2 EL Staubzucker

WEIHNACHTSSTOLLEN

Für 3 Stück à ca. 1 ½ kg

Teig:
- 1 ½ kg Weizenmehl
- ½ l Milch
- 200 g Hefe
- 300 g Zucker
- 5 Pck. Vanillezucker
- 1 leicht geh. TL Salz
- 200 g Zitronat
- abgeriebene Schale von 3 unbehandelten Zitronen
- etwas Muskat
- 1 TL Zimt
- 250 g Butter
- 125 g Margarine
- 125 g Schweineschmalz
- 300 g Mandeln
- 50 g bittere Mandeln
- 1 kg Rosinen
- 100 ml Rum

Zum Verfeinern:
- 150 g Butter
- Zucker und Staubzucker nach Geschmack

Alle Zutaten in die warme Küche stellen (Mehl schon 1 Woche vorher).

Das zimmerwarme Mehl in eine große Schüssel geben und in die Mitte eine Vertiefung drücken. Handwarme Milch mit 1 EL Zucker und der zerbröckelten Hefe in der Mulde mit etwas Mehl zu einem dicken Brei verrühren. Etwas Mehl darüber stäuben und mit einem Wischtuch zugedeckt warm, aber nicht direkt an den heißen Ofen stellen.

Ist das Hefestück gut gegangen (etwa nach 30 Minuten), Zucker, Salz, Gewürze, das weiche, aber nicht ganz zerlaufene Fett zugeben und etwas vermischen. Nun die teils gemahlenen, teils gehackten Mandeln unterkneten, alles gut durchkneten. Nun erst die in wenig Rum (Teig wird sonst braun) eingeweichten Rosinen unterkneten. Mit Hilfe von Mehl eine große Kugel formen. Schüssel und Hände müssen „sauber" sein, dann ist der Teig richtig.

Nach 1 bis 2 Stunden den Teig nochmals zusammenstoßen.

Ist der Teig noch einmal 1 Stunde schön gegangen, 3 gleich große Kugeln formen. Die erste zu einem länglichen Stollen formen und auf ein gefettetes, mit Mehl bestäubtes Blech legen, das nicht kalt sein soll.

Nach ca. 20 Minuten längs des Stollens einen ca. 1 cm tiefen Schnitt ziehen und das Blech auf die mittlere Schiene des Elektroherdes (auf 200 °C vorheizen) schieben und den ersten Stollen bei 180 °C ca. 1 Stunde backen. Wenn er fertig ist, die restlichen zwei Kugeln ebenfalls zu Stollen weiterverarbeiten.

Die völlig erkalteten Stollen in Plastikbeutel verpackt 2 bis 4 Wochen stehen lassen.

Vor dem Verzehr mit zerlassener Butter bepinseln, dick mit Zucker und Vanillezucker bestreuen. Nochmals Butter darüber träufeln und dick mit Staubzucker besieben. (Pro Stollen ca. 50 g Butter, Zucker und Staubzucker nach Geschmack).

Backzeit: 50–60 Minuten
Backhitze: 180 °C, Ober- und Unterhitze

In vergangenen Zeiten, als Schokolade noch knapp und teuer war, wurde dennoch zum Schluss etwas grob geschnittene Bitterschokolade in den Stollenteig geknetet. Ein alter Brauch ist es auch, dass man während der Adventszeit bis zum Weihnachtsfest mindestens 7 Sorten Stollen gekostet haben sollte (von Freunden, Verwandten, Nachbarn).

Tipp: Stellen Sie während des Backens ein Töpfchen heißes Wasser auf den Herdboden.
Wer schweren Stollen mag, kann das gesamte Fettgemisch durch Butter oder Butterschmalz ersetzen.

THÜRINGER MOHNSTRIEZEL

Mehl mit Zucker, weicher Margarine, Salz, Ei und Zitronenschale in eine große Schüssel geben. Die in lauwarmer Milch verquirlte Hefe zugeben und alles zu einem glatten Teig verkneten. 45 bis 60 Minuten warm stellen. Dann zu einer Platte (30 cm x 40 cm) ausrollen.

Den Mohn mahlen, mit Grieß, Mehl und Zucker vermischen und in das warme Milch-Wasser-Gemisch rühren. Kochen lassen, bis die Masse dick ist. Margarine und Zimt unterrühren. Ist die Masse etwas abgekühlt, die Eier sowie die in Rum eingeweichten Rosinen zugeben.

Die erkaltete Masse auf die Teigplatte streichen, ringsum etwas frei lassen. Von der Längsseite vorsichtig aufrollen, das andere Ende darüberschlagen, so dass die „Naht" oben in der Mitte liegt. Die Rolle etwas flach drücken.

Mehl, Margarine und Zucker zu Streuseln verkneten und auf die mit lauwarmer Milch bepinselte Mohnrolle streuen. Rolle backen.

Aus Zitronensaft und Staubzucker einen etwas flüssigen Guss rühren und mit dem Pinsel über dem abgekühlten Kuchen verteilen.

Backzeit: 45–60 Minuten
Backhitze: 180–200 °C

Teig:
- 500 g Mehl
- 100 g Zucker
- 150 g Margarine
- 1 Ei
- ½ TL Salz
- abgeriebene Schale von 1 unbehandelten Zitrone
- 40 g Hefe
- 150–175 ml lauwarme Milch

Füllung:
- 250 g Mohn
- je 1 geh. EL Mehl und Grieß
- 100 g Zucker
- je 125 ml Milch und Wasser
- 75 g Margarine
- ½ TL Zimt
- 2 Eier
- 125 g Rosinen
- 50 ml Rum

Streusel:
- 50 g Mehl
- 30 g Margarine
- 30 g Zucker

Guss:
- 3 geh. EL Staubzucker
- 1 EL Zitronensaft

STOLLENKUCHEN

Aus Mehl, Hefe, 1 EL Zucker und etwas lauwarmer Milch wie gewohnt einen Hefeteig bereiten. In der Schüssel zugedeckt ca. 30 Minuten gehen lassen.

Dann alle übrigen Zutaten einarbeiten. Danach den Teig auf einem gefetteten Backblech ausrollen.

Aus Mehl, Zucker und Butter einen Streuselteig bereiten und in kleinen Streuseln über den Teig krümeln. Nochmals ca. 15 Minuten gehen lassen und dann backen.

Gehzeit: 30 Minuten, 15 Minuten
Backzeit: 20–30 Minuten
Backhitze: 180–200 °C

Tipp: Die Streusel sind nicht unbedingt nötig. Man kann nach dem Backen den erkalteten Kuchen auch mit reichlich Butter bepinseln und mit Zucker bestreuen (siehe Foto).

Hefeteig:
- 450–500 g Dinkel-Kuchenmehl
- 1 ½ Würfel Hefe
- 100 g Zucker
- 50 ml Öl
- 150 g Butter,
- 100 ml Milch
- 300 g Rosinen
- 100 g Zitronat
- 1 Pck. Vanillezucker,
- Salz
- Zimt
- Bittermandelöl
- abgeriebene Schale von 1 unbehandelten Zitrone oder Zitroback

Streuselteig:
- 150 g Mehl
- 100 g Zucker
- 70 g Butter

WEIHNACHTSTORTE

Die Eier trennen. Margarine, Zucker, Milch und Kakao in einen Topf geben und ca. 4 Minuten kochen. Etwas abkühlen lassen.

Dann das mit Backpulver vermischte Mehl unterrühren. Nun das Eigelb flott unterrühren. Den steifgeschlagenen Eischnee zugeben und gut verrühren. Den Teig in eine passende Springform füllen und backen.

Erkaltet mit Staubzucker besieben.

Backzeit: 50–60 Minuten
Backhitze: 180 °C

Ein saftiges, besonders feines Schokogebäck, zu dem gern mit Rum verrührte Schlagsahne gereicht wird.

Für 1 Springform (20–24 cm Ø)

Teig:
- 2 Eier
- 170 g Margarine
- 200 g Zucker
- 6 EL Milch
- 2 EL Kakao
- 150 g Mehl
- 1 TL Backpulver
- 2 TL Pfefferkuchengewürz

Zum Verfeinern:
- Staubzucker

WITWENKÜSSE

Eiweiß kurz aufschlagen, mit dem Vanillezucker ganz steif schlagen. Puderzucker unterziehen. Grob geschnittene Walnüsse und zerkleinerte Schokolade vorsichtig unterheben. Kleine Häufchen auf ein gefettetes bemehltes Blech setzen und backen.

Danach den Ofen abstellen und die Plätzchen noch 15 bis 20 Minuten darin trocknen lassen.

Backzeit: 15–20 Minuten
Backhitze: 125 ° C

Für 35 bis 40 Stück

- 1 Eiweiß
- 1 Pck. Vanillezucker
- 25 g Puderzucker
- 50 g Walnüsse
- 25 g Bitterschokolade

BRISKELN (SCHWARZ-WEISS-GEBÄCK)

Puderzucker sieben und mit der Margarine verrühren. Das Mehl mit Vanillezucker oder Zitronenschale unterkneten. Den Teig teilen. Die Hälfte davon mit dem Kakao dunkel färben.

Hellen und dunklen Teig nicht zu dünn auf Zucker ausrollen, dass rechteckige Teigplatten entstehen (evtl. zurechtschneiden). Muster legen. Dafür die beiden Teigplatten aufeinander legen und beide zusammen einrollen. In Zucker wälzen und im Kühlschrank über Nacht ruhen lassen.

Am nächsten Tag in nicht zu dicke Scheiben schneiden (0,5 cm) und auf ein Backblech legen und backen.

Variante I:
Hellen und dunklen Teig in schmale Streifen (so breit wie hoch) schneiden. Jeweils einen hellen und einen dunklen Streifen zuerst abwechselnd nebeneinander, dann übereinander legen, so dass im Querschnitt ein Schachbrett-Muster entsteht. Den Teigquader in Zucker wenden und über Nacht kühl stellen. Dann in nicht zu dicke Scheiben schneiden (0,5 cm). Auf ein Backblech legen und backen.

Variante II:
Vom dunklen Teig eine gleichmäßige Rolle formen, in hellen Teig einrollen. Weiter wie oben.

Backzeit: 10–15 Minuten
Backhitze: 180–200 °C

- 125 g Puderzucker
- 250 g Margarine oder Butter
- 375 g Mehl
- 1 Pck. Vanillezucker oder
- abgeriebene Schale von 1 unbehandelten Zitrone
- 2 EL Kakao

GABELPLÄTZCHEN

Butter, Zucker, Kokosraspel, Vanillezucker, Ei und die Hälfte des Mehls verrühren und verkneten. Dann das restliche Mehl einarbeiten. Aus dem geschmeidigen Teig 3 Rollen formen und 1 bis 2 Stunden kühl stellen.

Von den Rollen dünne Scheiben abschneiden und ganz kleine Kugeln formen. Dabei die Finger ab und an in Mehl tauchen; der Teig klebt. Die Kugeln auf ein gut gefettetes, leicht mehliertes Blech setzen und mit den Zinken einer Gabel etwas breitdrücken. Backen. Erkalten lassen.

Die Schokolade mit einigen Tropfen Öl im Wasserbad erhitzen. Ein Messer oder einen Löffelstiel eintauchen und quer zum eingedrückten Gabelmuster dünne Schokolinien ziehen.

Backzeit: 10–15 Minuten / Backhitze: 180–190 °C

Für ca. 100 Stück

Teig:
- 100 g kalte Butter
- 50 g Zucker
- 50 g Kokosraspel
- 2 Pck. Vanillezucker
- 1 kleines Ei
- 125 g Mehl

Zum Verfeinern:
- 20 g Schokolade
- ½ TL Öl

HAFERFLOCKENPLÄTZCHEN

Haferflocken in zerlassener Butter leicht bräunen. 1 EL Zucker zugeben und weiter bräunen, aber nicht zu dunkel werden lassen.

Ei mit dem restlichen Zucker dickcremig schlagen, Mehl mit Backpulver untermengen und die erkalteten Haferflocken zugeben. Mit zwei Teelöffeln kleine Häufchen auf ein gefettetes, mit Mehl bestäubtes Blech geben und goldbraun backen.

Backzeit: 12–15 Minuten / Backhitze: 180° C

Feine, knusprige Plätzchen. In einer Dose aufbewahren.

Für ca. 40 Stück

- 125 g Haferflocken
- 75 g Butter
- 75 g Zucker
- 1 Ei
- 50 g Mehl
- 1 TL Backpulver

BÄRENTATZEN

Margarine, Eigelb und Puderzucker geschmeidig rühren. Dann mit allen Zutaten zu einem cremigen Teig verrühren. Den Teig in einen Spritzbeutel mit großer Sternentülle geben und Bärentatzen auf ein nicht gefettetes Blech spritzen. Dabei die Teigtupfer breit beginnen und durch schnelles Zurückziehen der Spritze schmal auslaufen lassen. Diese Plätzchen sind nur etwa 3 cm lang. 1 Stunde kühl stellen. Backen.

Nach dem Erkalten je zwei Bärentatzen an der Unterseite mit Nougatcreme füllen und zusammensetzen.

Für die Füllung Butter und Puderzucker cremig rühren. Die im heißen Wasserbad zerlassene Schokolade gemeinsam mit dem Weinbrand unterrühren.

Die fertigen Bärentatzen am schmalen Ende mit ebenfalls zerlassener Vollmilchschokolade überziehen.

Backzeit: 10–12 Minuten
Backhitze: 200 °C

Für 40 gefüllte Plätzchen

Teig:
- 125 g Margarine
- 1 Eigelb
- 65 g Puderzucker
- 125 g Mehl
- 1 EL Speisestärke
- 1 TL Kakao
- 50 g feingeriebene Mandeln
- 1 Msp. Zimt
- 1 TL abgeriebene Schale von 1 unbehandelten Zitrone

Nougatcreme-Füllung:
- 40 g Butter
- 40 g Puderzucker
- 80 g Blockschokolade oder
- Vollmilch-Kuvertüre
- 1 EL Weinbrand

Zum Verfeinern:
- 50 g Vollmilchschokolade

RASPELPLÄTZCHEN

Eigelb mit Zucker verrühren, weiche Butter und Gewürze zugeben. Nüsse mit einem mit Backpulver vermischten Teil Mehl unterschlagen. Restliches Mehl zugeben. Teig kneten, Schokoraspeln unterkneten und nicht zu dünn auf dem Backblech ausrollen. Kleine Figuren ausstechen und backen.

Backzeit: 10–15 Minuten
Backhitze: 175° C

Für 50 bis 60 Stück

- 1 Eigelb
- 50 g Butter
- 75 g Zucker
- 1 Pck. Vanillezucker
- ¼ TL Zimt
- 100 g gemahlene Haselnüsse oder Mandeln
- 30 g Mehl
- 1 Löffelspitze Backpulver
- 50 g Schokoraspel

KEKS

CHRISTBAUMGEBÄCK

Butter, Zucker und Ei gut verrühren. Schmand und das in Rum aufgelöste Hirschhornsalz hinzugeben. Allmählich das Mehl und den Zimt unterarbeiten.

Den Teig dünn ausrollen und mit verschiedenen Formen ausstechen und mit etwas Abstand auf die Bleche verteilen. Goldgelb backen.

Erkaltet die Plätzchen mit Schokoguss aus zerlassener Kuvertüre überpinseln und mit Zuckerstreuseln verzieren.

Backzeit: 10–15 Minuten
Backhitze: 190 °C

Ein ganz altes Rezept für ewig knusprige Plätzchen. Dieser geschmeidige, gut dehnbare Teig lässt sich ganz leicht verarbeiten. Er ist ideal, wenn Kinder bei der Weihnachtsbäckerei helfen möchten.

Für 80 bis 100 Stück (ca. 4 Bleche)

Teig:
- 125 g Butter
- 175 g Zucker
- 1 Ei
- 1 EL Schmand
- 2 EL Rum
- ½ TL Hirschhornsalz
- 375 g Mehl
- ½ TL Zimt

Zum Verfeinern:
- 125 g Halbbitter-Kuvertüre
- Schoko- oder bunte Zuckerstreusel

TERRASSEN-PLÄTZCHEN

Butter, Zucker und Eigelb mit den Gewürzen verrühren. Backpulver und den größten Teil des Mehles zufügen. Verkneten. Dann das restliche Mehl nach und nach einarbeiten. Den Teig zu einer Kugel formen, in Folie einschlagen und ca. 30 Minuten kühl stellen.

Dann sehr dünn ausrollen. Mit passenden Förmchen drei verschieden große Plätzchenformen ausstechen. Backen.

Nach dem Auskühlen immer drei Plätzchen mit Marmelade zusammensetzen. Auf das kleinste Plätzchen oben noch einen Tupfen Marmelade extra spritzen. Mit Puderzucker bestäuben. Erst am folgenden Tag, wenn die Marmelade fest geworden ist, in die Gebäckdose geben.

Backzeit: 10 Minuten / Backhitze: 180 °C

Terrassenplätzchen müssen auf einem bunten Plätzchenteller einfach dabei sein. Ein Standardgebäck.

Für ca. 60 bis 70 zusammengesetzte Terrassen

Teig:
- 150 g Butter
- 100 g Zucker
- 1 Eigelb
- 1 Msp. Zimt
- 1 Prise Salz
- 1 Msp. Backpulver
- 300 g Mehl

Füllung:
- 2 EL rote Marmelade nach Wahl

Zum Verfeinern:
- Puderzucker

MARMELADENMÜRBCHEN

Den wie im Rezept „Terrassen-Plätzchen" gefertigten Teig sehr dünn ausrollen.

Plätzchen von ca. 4 cm Durchmesser ausstechen. Von der Hälfte der ausgestochenen Plätzchen mit einem Fingerhut die Mitte ausstechen. Backen und danach erkalten lassen.

Die Ringe mit zerlassener Kuvertüre bepinseln. Die Unterseite der Plätzchen mit roter Marmelade bestreichen und die Ringe aufsetzen.

Backzeit: 10 Minuten
Backhitze: 180 °C

Für ca. 60 zusammengesetzte Mürbchen

Teig:
- 150 g Butter
- 100 g Zucker
- 1 Eigelb
- 1 Msp. Zimt
- 1 Prise Salz
- 1 Msp. Backpulver
- 300 g Mehl

Füllung:
- Vollmilch-Kuvertüre
- 2 EL rote Marmelade

ZIGARREN

Die feingemahlenen Haselnüsse ohne Fett in einer trockenen Pfanne leicht rösten. Dann die Nüsse mit den anderen Zutaten zu einem Teig verkneten.

Den Teig in einen Spritzbeutel mit glatter Tülle füllen und bleistiftstarke, 5 bis 6 cm lange Stangen auf ein bemehltes Backblech spritzen und backen.

Erkaltet ein oder auch beide Enden mit zerlassener weißer Kuvertüre bepinseln.

Backzeit: 10–15 Minuten
Backhitze: 180 °C

Für 65 bis 70 Stück

Teig:
- 100 g Haselnüsse
- 50–75 g Mehl
- 75 g Zucker
- 75 g Margarine
- 1 Eigelb

Zum Verfeinern:
- 50 g weiße Kuvertüre oder Schokolade

HASELNUSS-SPRITZGEBÄCK

Margarine, Zucker, Vanillezucker und Eigelb verrühren. Die ganz fein gemahlenen Haselnüsse zugeben (Nüsse durch ein Haarsieb pressen, sonst lässt sich der Teig schlecht spritzen!). Das Mehl unterrühren.

Die Masse sofort in einen Spritzbeutel mit großer Sternentülle geben und Tupfer, Striche oder auch Kränze auf ein gefettetes, leicht bemehltes Blech spritzen (reicht für etwa 1 ½ Backbleche!).

Die Plätzchen 2 Stunden kühl stellen, dann backen. Erkaltet mit weißer Kuvertüre überziehen.

Backzeit: 10 Minuten
Backhitze: 200 °C

Ein leckeres Knuspergebäck, das gleich in die Gebäckdose gehört, sonst wird es weich.

Für ca. 80 Stück

Teig:
- 125 g Margarine
- 80 g Zucker
- 1 Pck. Vanillezucker
- 1 Eigelb oder ½ Ei
- 80 g feingemahlene Haselnüsse
- 120 g Mehl

Zum Verfeinern:
- 50 g weiße Kuvertüre

KNUSPERLINGE

Aus allen Zutaten einen Mürbeteig kneten. Dünn ausrollen, kleine Herzen, Sterne usw. ausstechen. In Zucker drücken und auf einem gefetteten Blech backen.

Backzeit: 10 Minuten
Backhitze: 180 °C

In einer Dose aufbewahrt sind die würzigen knusprigen Plätzchen lange haltbar.

Für 60 bis 70 Stück

- 150 g Margarine
- 100 g Zucker
- 200–225 g Mehl
- 1 Eigelb
- 1 Pck. Vanillezucker
- 1 geh. TL Zimt
- 1 Prise Salz
- 1 geh. TL abgeriebene Schale von 1 unbehandelten Zitrone
- ca. 1 EL Zucker

KOKOSMAKRONEN

Die Eier trennen. Die Eigelb und 100 g Zucker zu der weich gerührten Margarine geben und verrühren. Dann die Kokosraspel und das Mehl unterrühren.

Die Eiweiß mit einer Prise Salz und restlichen 25 g Zucker steif schlagen und mit der geraspelten Schokolade unter die Kokosmasse heben.

Mit zwei Teelöffeln kleine Teighäufchen auf ein gut gefettetes, mit Mehl bestäubtes Blech setzen. Goldbraun backen.

Erst wenn die Kokoshäufchen vollständig erkaltet sind, vom Blech lösen. Sonst zerreißen sie.

Backzeit: 10–15 Minuten
Backhitze: 190–200 °C

Für ca. 70 bis 80 Stück

- 2 Eier
- 100 g Margarine
- 125 g Zucker
- 250 g Kokosraspel
- 50 g Mehl
- 1 Prise Salz
- 50 g weiße Schokolade

In der Blechdose aufbewahrt, bleiben diese feinen Makronen außen knusprig und innen saftig.

HONIGHERZEN

Honig, Zucker und Margarine zerlassen. Die in Rum oder Weinbrand gelöste Pottasche zu der lauwarmen Masse geben. Rühren. Alle Gewürze zufügen und allmählich das Mehl unterkneten.

Den Teig im warmen Zimmer 1 bis 2 Stunden ruhen lassen. Dann nicht zu dünn ausrollen. Herzen ausstechen und auf ein gut gefettetes und mit Mehl bestäubtes Blech nicht zu dicht aneinandersetzen. Ergibt ca. 2 Bleche. Backen.

Nach dem Erkalten mit der im Wasserbad erhitzten dunklen Kuvertüre überziehen. Mit weißer Kuvertüre oder weißem Zuckerguss beliebig verzieren und mit Schokostreuseln bestreuen.

Backzeit: 15–20 Minuten
Backhitze: 180 °C

Ein phantastisches Weihnachtsgebäck; süß, saftig und weich in einer Woche. Nicht gleich in eine Dose legen.

Für ca. 50 bis 60 Stück

Teig:
- 150 g Honig
- 100 g Zucker
- 75 g Margarine
- 1 EL Rum oder Weinbrand
- 1 TL Pottasche
- 1 gehäufter TL Kakao
- ½ TL Zimt
- 1 TL abgeriebene Schale von 1 unbehandelten Zitrone
- 1 gehäufter TL Pfefferkuchengewürz
- 250–275 g Mehl

Zum Verfeinern:
- 100 g Halbbitter-Kuvertüre
- 20 g weiße Kuvertüre oder weißer Zuckerguss
- Schokostreusel

PFEFFERKUCHEN – „DIE GUTEN“

Honig, Zucker, Marmelade und Margarine langsam schmelzen. Kakao, Pfefferkuchengewürz, Nüsse und das in Milch aufgelöste Hirschhornsalz zugeben. Ei unterrühren. Mit Mehl-Backpulver-Gemisch die weiche Masse etwas durchkneten. Nicht zu dünn auf die Oblaten verteilen. Backen, aber nicht zu lange.

Damit die Pfefferkuchen schön saftig bleiben, dürfen sie nicht zu braun sein. Die erkalteten Pfefferkuchen dünn mit geschmolzener Kuvertüre bepinseln und evtl. mit Mandelhälften dekorieren oder mit Zuckerglasur überziehen.

Backzeit: 10–15 Minuten
Backhitze: 180–190 ° C

- 75 g Honig
- 100 g Zucker
- 1 EL Marmelade
- 75 g Margarine
- 1 EL Kakao
- 1 leicht gehäufter EL Pfefferkuchengewürz
- 50 g Zitronat
- 2 EL gemahlene Nüsse
- 2 EL Milch
- 1 TL Hirschhornsalz
- 1 Ei
- 250 g Mehl
- 1 TL Backpulver
- 35–40 große runde Oblaten
- 200 g Vollmilch- oder Bitterkuvertüre

REZEPTVERZEICHNIS

BACKPULVER- UND HEFETEIGKUCHEN

TORTEN

KLEINGEBÄCK UND KUCHENSCHNITTEN

KEKSE, ADVENTS- UND WEIHNACHTSGEBÄCK

BILDNACHWEIS:

Alle Fotos: Uwe Hämsch, Gostemitz, außer: Seite 6, 12, 94, 96: Sigrid Schmidt, Leipzig; Seite 10, 14, 18, 20, 21, 43, 86, 102, 164, 180, 182, 184, 188, 194, 198, 220, 230, 233, 236, 240: Colourbox.de; Seite 27: Dar1930, Shutterstock.com; Seite 28, 36: Maria Kovaleva, Shutterstock.com; Seite 46: Herceg Andras, Shutterstock.com; Seite 50: this-baker, Shutterstock.com; Seite 64: Lyudmila Zavyalova, Shutterstock.com; Seite 68: Monika Grabkowska, Unsplash.com; Seite 76: Michelle Tsang, Unsplash.com; Seite 82, 235, 238, 244, 246, 251: Pixabay.com; Seite 85: Svitlana Slobodia, Shutterstock.com; Seite 112: Natalya Danko, Shutterstock.com; Seite 142: TorriPhoto, Shutterstock.com; Seite 144, 149: Silvia Dorster; Seite 158: Anastasia Kamysheva, Shutterstock.com; Seite 160: Anna Pustynnikova, Shutterstock.com; Seite 183: Anna Wi,Shutterstock.com; Seite 186: chattenoir, Shutterstock.com; Seite 232: Elenglush, Shutterstock.com; Seite 249: AfricaStudio, StockAdobe.com; Seite 250: Svetlana Shashkina, Shutterstock.com
Illustrationen/ Vektorgrafiken: Seite 5 oben, 23, 39, 111, 127, 143, 157, 187: Epine, Shutterstock.com; Seite 5 unten, 57, 252 Mitte: Alisles, Shutterstock.com; Seite 9, 61, 81, 199: ilonitta, Shutterstock.com; Seite 16, 69, 148: EngravingFactory, Shutterstock.com; Seite 31, 84, 107, 115, 123, 136, 178, 197, 231: bioraven, Shutterstock.com; Seite 33, 40, 133, 145, 252 unten: Kuzmina Aleksandra, Shutterstock.com; Seite 37, 252 oben: mamita, Shutterstock.com; Seite 139, 155: Botanical Art studio, Shutterstock.com

Wir bedanken uns bei Jürgen Kleinert von der Bäckerei & Konditorei Kleinert für das Backen diverser Kuchen und Torten in diesem Buch.